KB200572

죽기 살기로 성경 읽기

죽기 살기로 성경 읽기

김영표 지음

규장

성경 읽기는 성도의 기본기입니다. 이것을 누가 모르겠습니까? 문제는 성경 읽기가 삶이 되지 못하고 있는 현실입니다. 말씀에서 기도도 사역도 나와야 하는데 말입니다. 그래서 필요한 결단이 '죽기 살기로 성경 읽기' 라고 저자는 말합니다.

이 책은 저자의 고백이요, 신앙 간증입니다. 이 책은 성경 읽기의 기술을 가르치는 책은 아닙니다. 그러나 성경 읽기가 어떻게 삶을 바꿀 수 있는지를 보여줍니다. 왜냐하면 저자 자신이 그것을 경험했기 때문입니다.

저자는 진지한 예배인도자입니다. 그러나 그보다 먼저 진지한 예배자입니다. 저는 그런 저자의 모습에 늘 감동을 받습니다. 그것은 그의 맑고 진지한 영성의 열매일 것입니다. 그래서 저는 저자가 진실로 이런 책을 쓸 자격이 있다고 믿습니다.

옛날 영성의 선배들도 신앙의 기본을 '렉치오 디비나', 곧 '거룩한 독서'라고 생각했습니다. 만일 오늘날의 모든 지도자들과 성도들이 이 거룩한 습관을 회복한다면 진실로 한국교회는 부흥의 시간을 경험하게 될 것입니다. 물론 우리가 죽기 살기로 그런 결단을 할 때에 말입니다. 저도 함께 그 결단을 지지하겠습니다.

_이동원(지구촌 교회 담임 목사)

저는 한국교회의 적잖은 예배인도자들에게서 너무나 자주 속이 허하다는 느낌을 받아왔습니다. 감성은 넘쳐나나 그 안에 콘텐츠가 없고, 멜로디는 화려하나 지식이 없고, 가사와 멘트는 무성하나 하나님 말씀은 없다는 느낌 말입니다. 온전한 예배는 영성과 지성이 통합된 예배입니다. 하지만 한국교회의 예배는 '말씀의 위상'이 계속해서 격하되어왔습니다. 찬양이 곧 예배로 불리면서 강단사역과 설교를 대치해버리는 듯한 일들이 곳곳에서 일어나고 있지요. 정말 위기인 것입니다. 그런데 얼마 전 제가 잘 알고 존경하는 한 목사로부터 전화를 받았습니다.

"영표 예배인도가 아주 달라졌어요! 예전에도 좋았지만, 이번에는 확실히 영감과 파워가 기름붓듯이 임하는 것을 느낄 수 있었습니다. 우리 청년들도 너무 좋았다고 하네요!"

저는 곧바로 전화를 해서 무슨 일이 있었냐고 물어보았습니다. 무슨 일이 있긴 있었더군요. 그 스토리가 바로 '죽기 살기로 성경 읽기'입니다. 예배와 관련해 위기의식을 한창 느끼고 있을 때 이 책을 보며 저는 정말 반가웠습니다. 이 책에 고스란히 담겨 있는 김영표 목사의 결단과 변화는 모든 예배인도자들에게 전염되어야 합니다. 그래야 예배가 살아납니다!

_고직한(선교사, YOUNG2080 대표)

"예수님이면 충분합니다. 예수님이면 됩니다."

김영표 목사는 늘 이렇게 고백합니다. 찬양할 때도, 기도할 때도 말입니다.

귀여운 곰돌이 푸 같기도 하고, 비장함과 진지함을 겸비한 애국지사 같기도 한 젊은 목회자가 노래하는 예수님 사랑과 소박한 일상에서 약속의 땅 이스라엘에 이르기까지 그를 닮고자 하는 갈망, 그 진리에 들어가고자 하는 열정의 여정이 담긴 이 책을 읽으면서 내 안에 오직 예수만으로 충만해지는 즐거움의 기름부음을 느꼈습니다. 예수님만으로 충분한 천국의 만족을 배웁니다.

_김우현(다큐멘터리 감독, 《팔복1 가난한 자는 복이 있나니》, 《하늘의 언어》 저자)

| 차례 |

주님이 하셨다

아들의 한 마디

지난 봄에 있었던 일이다. 예배인도를 하고 나왔는데 답답한 마음을 지울 수가 없었다. 진행도 순조로웠고 설교도 다른 날에 비해 참 좋았는데 말이다. 변함없이 최선을 다해 예배를 드렸는데 왜 그런 마음이 들었을까?

그동안 예배사역을 하면서 한순간도 최선을 다하지 않은 적이 없었다. 목감기에 걸려도, 예배 직전에 마음이 힘든 상황을 맞이해도 흐트러지지 않으려 애썼다. 나에게는 '최선을 다하는 것이 곧 최고의 예배를 드리는 것'이라는 신념이 있었기 때문이다.

하지만 뭔가 부족했다. 예배를 통해 힘을 공급받는다는 생각이 점점 사라졌다. 매번 최선을 다했고 예배 중에 감격을 맛보기도 했지만 가장 중요한 그 무엇인가를 잃어버리고 있는 것 같았다. 마모되어가고 소모되어간다는 느낌들이 내 안에 자리 잡기 시작했다.

수요 오전 예배 후 점심을 먹으러 가다가 힘든 마음에 작은 위로라도 받고 싶어서 열 살 난 아들 녀석에게 어느 정도 답이 예상되는 질문을 했다.

"아들! 아들이 생각할 때 아빠가 예수님 잘 믿는 사람 같아?"

아들은 아무 말 없이 한동안 나를 빤히 쳐다보았다. 내가 재촉하듯 다시 물었다.

"네가 볼 때 아빠가 정말 예수님 믿는 사람 같냐고…."

하지만 아이는 계속해서 무엇인가를 곰곰이 생각하는 듯 조그마한 입술을 오물오물할 뿐이었다.

'도대체 무슨 말을 하려고 저렇게 미적거리는 걸까?'

나는 아이가 이런 대답을 준비하고 있을 거라고 생각했다.

"당연히 아빠는 예수님 믿는 사람이죠. 아빠는 예배부 담당 전도사님이잖아요. 방금 전까지 목이 터져라 예수님을 외치면서 찬양인도도 했잖아요. 수요일 낮 예배랑 저녁 예배, 금요심야기도회, 주일 1, 2, 3, 4, 5, 6, 7부 예배, 아빠가 섬기지 않는 예배가 어디 있어요? 그것도 모자라서 쉬는 월요일에도 나랑 놀지도 못하고 다른 집회에 가서 예배인도하고 오잖아요. 이런 아빠가 예수님 믿는 사람이 아니면 도대체 누가 예수님 믿는 사람이겠어요? 아빠는 분명히 예수님 믿는 사람 맞아요!"

적어도 이 정도의 대답을 기대했던 나는 곧이어 나온 아이의 대답에 돌처럼 굳어버리고 말았다.

"글쎄요…."

잘못 들은 게 아닐까 싶어 다시 물었다.

"뭐라고?"

변함없는 아들의 대답.

"글쎄…."

이 말은 내가 예수님을 믿지 않는 사람일 수도 있다는 말이 아닌가? 이어 아이는 열 살짜리의 입에서 나왔다고는 믿기 어려운 말들을 내게 쏟아냈다. 마치 돌아가신 선지자 한 분이 다시 살아나서 내게 이야기하는 것만 같았다.

"내가 아빠 속마음을 어떻게 알아요. 하나님만 아시죠! 그리고 아빠 속마음은 아빠가 나보다 더 잘 알잖아요!"

순간 망치로 한 대 얻어맞은 듯했다. 그리고 시간이 갈수록 예리한 칼날에 찔린 듯한 아픔이 느껴졌다. 너무나도 맞는 말, 너무나도 정확한 말, 어떤 변명도 할 수 없게 만드는 말이었다. 오직 '예'와 '아니오' 중에 한 가지만 선택해야 했다. 말씀이 떠올랐다.

너희는 그저 '예' 할 것은 '예' 하고 '아니오' 할 것은 '아니오' 만 하여라 그 이상의 말은 악에서 나오는 것이다 _마 5:37(공동번역)

이어 아들의 대답이 하나님의 음성이 되어 내게 다시 들려왔다.

'영표야, 너는 분명 알고 있다. 네가 정말 나를 따르는 자인지 아닌지 말이다. 김영표 말해봐! 너는 진정 예수 그리스도를 믿는 사람이냐?'

'죽기 살기로 치열하게 말씀 앞에 서라!'

그것은 **명령**이었다.

그 명령은 매우 강력해서

어쩌면 주님과 연합할 수 있는 마지막 기회일지도

모른다는 생각마저 들었다.

버려지기 직전에 거저 주어진 **마지막 기회.**

살기 위해 순종하고 싶었던 것은 아니었다.

오히려 주님을 위해 **죽고 싶은 마음**이었다.

그래서 그 음성 앞에 완전한 순종으로 나아가지 않을 수 없었다.

그렇지 않으면 이번에는 정말 인생이 끝장나버릴 것 같았다.

자기의 의로 무의미하게 열심만 내다가 버려지는 인생!

이어 단호한 결단의 선포가 내 입에서 나왔다.

"네, 주님! 죽기 살기로 치열하게 말씀을 읽겠습니다!"

말씀 앞에 서다

골방의 눈물

최선이냐 전부냐

말씀의 전신 거울 앞에 서다

골방의 눈물

정말 나 하나면 만족하니?

나는 그날 아들의 "글쎄"라는 말 한 마디에 하루 종일 충격에서 헤어 나오지 못했다. 해야 할 일들이 아무 의미 없는 일처럼 보였다. 약속도 있었지만 오히려 누구라도 만날까봐 이리저리 숨어 다니기만 했다. 내 자신이 한없이 부끄럽고 절망스러웠다.

'내가 정말 예수님을 믿지 않는 사람이란 말인가? 이 벼랑의 끝에서 어떻게 하면 빠져나올 수 있을까? 영적 갈급함, 이번이 처음도 아닌데… 예전처럼 그냥 지나쳐도 될 것을 괜한 질문을 해서 열 살짜리 아이의 말에 오도 가도 못하게 된 것은 아닌가?'

이런 곤고한 심경으로 아내에게 낮에 있었던 일을 이야기했다.

"생각나는 대로 내뱉은 어린아이의 말이에요. 너무 신경 쓰지 마세요. 누가 뭐래도 당신은 예수님을 잘 믿는 사람이에요. 지난 10년간 함께 살아온 제가 보장해요."

이렇게 말해주면 좋으련만 아내 역시 별말이 없었다. 아들은 자기가 아빠에게 얼마나 큰 충격과 혼동을 주었는지도 모른 채 내 앞에서 천진난만하게 놀기만 했다.

나는 답답한 심정으로 거실 옆 기도 골방으로 들어갔다. 캄캄한 방. 불도 켜고 싶지 않았다. 한쪽 벽면에 걸려 있는 십자가 앞에 멍하니 무릎을 꿇고 한없이 시간을 보냈다.

얼마나 시간이 흘렀을까? 점점 더 마음이 답답해졌다. 주님을 따르는 삶을 살겠다며 보낸 지난 시간들이 주마등처럼 스쳐 지나갔다. 나름대로 헌신하고 포기하며 살아왔던 시간들이 억울해서 눈물이 다 났다.

'하나님, 너무하시는 것 아닙니까? 이 정도로 최선을 다해 사역했으면 됐지 도대체 얼마나 더 바라시기에 어린 아들의 입을 통해서 이렇게까지 저를 무너뜨리십니까? 너무하십니다. 정말 너무하세요!'

주님을 향한 불만들이 골방을 가득 메운 순간, 마치 강한 바람에 의해 뿌연 연기가 쓸려 나가듯이 방 전체를 압도하는 주님의 음성이 불어닥쳤다.

'너는 정말 나 하나면 만족하냐? 너는 나를 위해 포기했다고 하는데 지금 네게 있는 모든 것들이 다 없어져도 정말 나 하나면 만족하냐?

고개 숙이고 눈물만 흘리지 말고 나를 똑바로 쳐다보면서 말해봐! 너는 정말 나 하나면 만족하냐?'

마침내 드러난 나의 실체

그 순간 나는 자리에 앉아 있을 수조차 없었다. 그저 "아! 주님… 아! 주님…" 하고 외칠 뿐이었다.

나는 분명 예수 믿는 사람이다. 나는 분명 예수로 인해 사는 사람이다. 하지만 "예수만으로 만족하고 있는가?" 란 질문 앞에 정확하게 "예, 그렇습니다!" 라고 말하기에는 많은 찔림이 있었다.

나는 내 속의 죄를 보았다. 나도 어느 선지자처럼 로뎀나무 아래에 쭈그리고 앉아 "이 사망의 법에서 나를 건져내달라" 라고 외치는 곤고한 자였다. 그렇다고 "아니요, 만족 못합니다" 라고 말하려니 '나는 예수님을 믿지 않습니다' 는 뜻이 되기에 그렇게도 대답할 수 없었다.

이러지도 저러지도 못한 채 시간만 보내다가 어금니를 바드득 물며 떠듬떠듬 나의 정체를 고백하기 시작했다. 하지 않고는 견딜 수 없었다. 마치 누군가가 내 목을 조르는 것만 같았다.

"주님, 저는 주님 한 분만으로 만족하지 못했습니다."

그러자 강력한 주님의 영이 나를 감싸기 시작했다. 눈물을 흘리지 않으려고 이를 악물다가 그냥 울어버렸다. 이내 입에서 터져 나오는 통곡과 회개의 부르짖음.

"주님, 죄송합니다. 주님을 사랑하긴 하지만 주님 한 분만으로 만족하지는 못했습니다. 아버지, 너무너무 죄송합니다. 저는 아버지를 팔아 먹고 살았던 놈입니다. 아버지를 이용하며 살았던 놈입니다. 이런 저를 보시며 얼마나 마음 아프셨는지요. 저를 더 이상 용서하지 마세요. 이번에는 차라리 저를 죽여주십시오. 아버지께 죄송스러워서 더 이상 사랑한다는 말도 못하겠습니다."

나는 정신없이 골방 바닥을 박박 긁어대면서 나의 실체를 실토했다. 사역자란 직분으로 포장되어 보여지는 모습을 진짜인 양 여기며 살아왔던 내 자신이 싫었다. 그런 모습이 마침내 드러나니 차라리 이대로 그냥 죽어버렸으면 좋겠다는 생각까지 들었다.

'이것이 나의 진짜 모습이구나. 이것이 나의 실체구나. 완전한 이중인격자, 완전한 사기꾼, 이것이 나의 모습이라니! 그렇다고 주님을 사랑하지 않은 것은 아닌데, 주님을 정말 사랑했기에 여기까지 온 것인데, 다른 길로 갈 수도 있었지만 주님을 사랑했기에 이 길을 걸어온 것인데….'

그렇게 한참을 울고 있는데 두 달 후에 있을 중요한 약속이 떠올랐다. 하나님과 나와의 약속이자 교회와 나와의 약속, 바로 목사안수식이었다. 하지만 이 상태로는 도저히 목사안수를 받을 수 없을 것 같았다.

목사는 언제라도 말씀 전할 준비, 짐 쌀 준비, 죽을 준비를 하면서 살아야 한다고들 한다. 그런데 나는 어떤 준비도 되어 있지 않았고, 예수님 한 분만으로 만족하지도 못했다. 이런 상태로 목사라는 직분을 받을 수는 없었다. 적어도 내게 그 정도의 양심은 남아 있었다.

게다가 이 상태로는 예배부 담당 사역자로서 교회를 섬길 수도 없었다. 매 시간마다 신령과 진정으로 예배를 드리라며 성도들에게 이야기하는 내가 정작 그렇지 못한 사람이라면 어찌 그 역할을 감당할 수 있단 말인가? 나는 하얀 종이를 꺼내 책상 위에 놓았다.

'사. 직. 서.'

이 세 글자를 쓰는데 울컥 서러움이 북받쳐 올랐다.

'아내 몰래 다른 여자를 만난 것도 아니고, 교회 공금을 빼돌려 쓴 것도 아닌데… 수많은 목회자들이 사역하고 싶어하는 이 교회를 떠나고 나면 어디로 가야 하나?'

남자 잘못 만나서 고생하는 아내에게 미안했다. 아빠 잘못 만난 탓에 갑자기 이사 가야 할 처지가 될 아들에게 미안한 마음이 들었다.

'이렇게 살고 싶지 않습니다. 제발 살려주세요!'

주님과 함께 십자가에 못 박히다

그 고통 속에서 저 멀리 한 줄기 흐릿한 형상이 비쳤다.

'주 달리신 십자가'

그곳으로 기어갔다. 만져보니 피로 흥건했다. 눈물이 났다.

"아이고~ 아이고~"

목이 메어 이 말 외에는 다른 말을 할 수가 없었다. 이내 주님 달리신 그 십자가를 향해 한쪽 발을 내딛었다. 한 발 한 발 내딛을수록 손과 발에 흥건히 묻는 주님의 핏물.

내 위선이 그 피를 쏟게 한다!

내 간음이 그 피를 쏟게 한다!

내 부정직이 그 피를 쏟게 한다!

내 입술이 그 피를 쏟게 한다!

죄인 중의 죄인인 내가 예수님의 그 피를 여전히 쏟게 한다. 방법은 오직 한 가지, 나 또한 그 십자가에 달려야 한다. 못 박히신 주님 손에 내 손을 대어 구멍 난 그 손바닥을 막아야 한다. 내 발로 못 박히신 주님의 발을 막아야 한다. 내 허리로 주님의 그 굵은 창 자국을 막아야 한다. 나 또한 주님과 함께 십자가에 못 박혀야 한다.

내 가슴은 완전히 전쟁터였다. 나는 곧 '믿음'이라 생각했던 손을 들어 올렸다. 순간 이기는 것 같았다. 그런데 모세와는 달리(출애굽기 17장 8절 이하의 아말렉과의 전투 장면) 손을 올렸는데도 지는 것이었다. 이젠 손을 들고 있을 힘조차 없었다. 점점 내 믿음의 손이 내려갔다. 내 자아를 믿었던 손, 내 실력을 믿었던 손, 내가 가지고 있는 소유물을 자신했던 손이 완전히 무너졌다. 완전히 몰락 직전이었다.

그때 내가 부른 이름,

'예수'

"그 이름 앞에 최선이 아닌 전부를 드립니다. 그것만은 절대로 안 된다고 했던 그 남은 1퍼센트조차 원하시면 드리겠습니다.

내 머리부터 발끝까지 창조하신 하나님! 최선이란 것이 내가 당신께 할 수 있는 최고라 생각했습니다. 하지만 이제는 알았습니다. 주님은 나의 전부를 원하신다는 것을 말입니다. 전심全心을 다해 내 전부를 드립니다. 주님이면 충분합니다.”

이 선포와 함께 내 안에 또 다른 내가 일어나기 시작했다.

‘영표의 태초의 형상, 속사람’

그리고 그 속사람이 손을 들기 시작했다. 진짜 믿음의 손! 그러자 출애굽기 17장 8절 이하의 말씀이 실제로 이루어지기 시작했다. 처절한 싸움이었다. 이내 고요해진 주변. 승리했다. 내려다보니 내가 주님과 함께 십자가에 못 박혀 있었다.

십자가에 못 박힘을 생각할 때 그 육체적 고통이 너무 두려워 생각조차 하기 싫었다. 살을 파고들고 뼈를 부수며 들이닥칠 커다란 대못! 그런데 그 고통을 느낄 새도 없이 주님의 사랑이 나를 보호했고, 난 그 속에서 아픔도 고통도 느끼지 못한 채 처절한 싸움을 했다. 그리고 어느새 주님과 함께 십자가에 못 박혀 있는 나. 주님의 품에 있으니 왜 이리 좋은지… 세상이 알 수도 줄 수도 없는 평안, 그 맛이 바로 이 맛이구나!

십자가에 달리니 그동안 보였던 것이 다르게 보였다. 혼잡했던 것들이 뚜렷이 구별되어 보였다. 두려웠던 많은 존재들은 사라지고 오로지 한 존재만 두려웠다. 이제 정말 그분만 사랑한다. 나의 전부를 다 바쳐서!

이 주체할 수 없는 기쁨은 십자가에 달려서 얻은 것이기에 나는 아내에게도, 아들에게도, 친한 친구들에게도 “십자가에 와서 같이 못 박히자" 라고 말하고 싶다.

주님이 하셨다!

감정도, 분위기도, 내 열심도, 마이크에서 흘러나오는 그럴 듯한 음성이나 파워풀한 악기 소리도 아닌 주님이 하셨다. 이제 나는 주님을 경외한다. 나는 결코 내 행위나 열심으로 주님을 경외할 수 없음을 비로소 깨달았다.

최선이냐 전부냐

자아의 기름을 짜내던 시간

1998년, 장기 파송을 받기 위해 2년간의 우즈베키스탄에서의 사역을 마무리하고 한국으로 돌아왔다. 그러나 개인적인 사정으로 장기 파송은 순식간에 백지화되었다.

하루아침에 백수가 되어버린 듯한 느낌이었다. 선교지로 나갈 수 없게 되니 선교사란 정체성도 희미해졌다. '해야 할 일doing'이 없어지니 '내 존재의 가치being'도 사라진 것이다. 그러나 얼마 후에 주님의 계획하심 가운데 국내 사역으로 인도함을 받게 되었다.

'모든 교회에 건실한 예배 세우기!' 라는 비전 아래 '에즈 37 찬양인도자학교'를 시작했다. 맨땅에 헤딩하듯 힘들고 암담했지만 할 일을 주시니 감사했다. 그러나 그 감사의 이면에는 '부여잡음'이란 것이 있었다. 나를 지키기 위해 이것만은 잡아야 한다는 생각 말이다.

동전의 앞면이 '감사'라면 뒷면 또한 '감사'여야 온전한 동전이다. 그러한 동전만을 사용할 수 있다. 하지만 내 앞면은 '거룩함'이었지만 뒷면은 '거룩치 못함'이었다. 그러다보니 하나님께서 나를 온전히 사용하실 수 없었다. 당연한 이치인데도 나는 오히려 답답해했다. 그리고 다른 단체나 사역자들과 나를 비교하기 시작했다.

일을 해도 흥이 나지 않았다. 일을 마치고나면 밀려오는 허탈감을 애써 떨쳐내려고 했다. 이미 다 먹은 쭈쭈바를 손에 쥔 채 "조금만 더! 조금만 더!"를 외치며 계속 빨아대는 어린아이처럼 말이다. 무엇보다 예배 가운데 보이는 사람들의 반응에서 사역의 의미들을 찾고자 했다. 그러다보니 하나님이 아닌 사람들의 필요에 민감하게 반응하는 사역자가 되어가고 있었다. 겉은 주님에 대한 간절함으로 위장하면서.

그런데도 나는 열심을 부르짖으며 계속해서 사역을 했다.

'주님을 위해 무슨 일이라도 하고 싶다.'

'하나님의 나라를 위해 불이 되고 싶다.'

기름부음을 받았는지 안 받았는지 말씀 앞에 진지하게 검증받지도 않은 채, 내 필요와 '당장 이 일을 해야 한다'는 급한 마음에 스스로 기름을 짜기 시작했다.

그래서 나온 것이 바로 내 의지로 짜낸 '자아의 기름'이었다. 하늘로부터 임한 기름이 아닌 내 스스로 짜낸 기름이었기에 타는 냄새가 심히 고약했다. 마치 동물 시체가 타는 듯한 냄새였다.

그 시절 나는 가난한 과부의 헌금 이야기를 통해 "최선을 다한 예배가 최고의 예배다"라는 말을 자주 했다.

"가난한 중에서도 헌금하는 과부의 모습을 기억하십시오. 최선을 다한 예배가 최고의 예배입니다. 우리에게 주어진 상황 속에서 주님을 바라보며 최선을 다해 예배를 드립시다. 예배를 섬깁시다. 주님은 우리의 첫 번째이십니다."

최선을 다하는 신앙이란 말은 크리스천이라면 누구나 동의하는 말이다. 몇 만 명이 넘는 대형교회의 설교 제목으로 나온다 할지라도 이에 이의를 제기할 성도는 별로 없을 것이다. 아들의 공부와 관련해서도 우리 부부는 항상 이렇게 이야기했다.

"공부 못해도 된다. 하지만 정말 최선을 다했으면 좋겠다. 그리고 네가 행복했으면 좋겠다. 그것이 엄마아빠가 진정으로 바라는 것이란다."

비단 나에게뿐만 아니라 '최선'은 이 시대의 최고의 가치이며 최고의 미덕이다. 그리고 교회사역과 신앙인의 삶에 있어서도 제자의 모습으로 요구된다.

지난 시절, 나는 가족과 굳게 약속한 계획도 사역을 위해서라면 주저 없이 두 번째 세 번째로 미루었다. 아내와 아들도 당연히 이해해줄 것이라 생각했고, 때로 그들이 이해해주지 못하면 화를 내기도 했다. 난 그것이 하나님을 향한 의義라 생각했다. 그래서 최선을 다한 나의 열심을 사람들이 알아주지 않을 때나, 내가 잘못한 것이 없는데 타인으로 인해 어려움을 당할 때면 화가 났다.

'아니, 도대체 무엇을 더 어떻게 하란 말이야!'

아내를 향해 이렇게 쏘아붙인 적도 있었다.

"나는 슈퍼맨이 아니라고!"

은혜의 사각지대에 놓인 사람 중 한 명이 사모라고 하는데 나는 외로운 아내를 더 외롭게 만들었다. 뒤돌아보니 이 모든 것이 다 성령님께서 부어주신 기름이 아닌 억지로 짜낸 자아의 기름이 타는 냄새의 현장들이었다.

이것이 바로 당신의 영성이에요

자아의 기름을 짜내던 시절의 일이다. 평소 10분 정도 늦게 나오는 아내를 익히 알고 있었기에 중요한 약속이니 제발 늦지 말라고 신신당부를 했다. 그런데 아내는 어김없이 또 늦었다.

미안한 표정으로 뛰어오는 아내를 보며, 화를 내봤자 나만 손해고 분위기만 망칠 게 뻔해서 꾹 참았다(이제는 아예 약속 시간을 20분 정도 미리 앞당겨서 말한다).

예상한 일이었기에 체념하려 했지만 운전하는 동안 불편한 마음을 숨길 수가 없었다. 왜 그리 그날따라 도로는 막히고 이 차 저 차 끼어드는 건지…. 결국 내 인내심에도 한계가 왔다. 나도 다른 차들이 끼어들지 못하게 앞차와 바짝 붙어 운전을 하다가 이내 다른 차 앞으로 끼어들기 시작했다. 그러다가 어떤 날렵하게 생긴 운전자와 눈이 마주쳤다. 순간 그 차 주인의 눈과 내 눈에서 동시에 쌍불이 켜졌다. 일명 '한판 붙은 것'이다. 이리저리 서로 앞서거니 뒤서거니를 반복했다.

점점 두 운전자의 마음에 분노가 가득 차기 시작했다. 조급함에 싹이 돋고 잎이 나서 분노라는 꽃을 피우더니만 이내 사망이라는 열매가 맺히기 직전이 되었다. 그러다가 간발의 차이로 상대방의 차가 내 차를 앞질렀고, 나는 빨간 신호 앞에서 멈춰 설 수밖에 없었다.

파란 신호가 켜지기를 기다리며 씩씩거리고 있는 나를 보던 아내가 참다못해 조용히 입을 열었다.

"이것이 바로 당신의 영성이에요."

"뭐야!"

"예배나 집회 때 사람들 앞에서 찬양하는 모습이 당신의 영성이 아니라, 조그마한 것도 참지 못하고 상대방과 똑같이 맞받아치는 것이 바로 당신의 영성, 당신의 현주소란 말이에요."

"지금 무슨 소리 하는 거야! 그래서 내가 중요한 약속이니까 제발 늦지 말라고 몇 번이나 말했잖아. 당신이 늦어서 이렇게 된 건데 지금 누가 누구에게 뭐라고 하는 거야! 나도 나름대로 최대한 진실하게 살려고 노력하고 있어! 나도 사람이야, 나도 사람이라고!"

"맞아요. 늦은 것은 분명 제 잘못이에요. 미안해요. 하지만 제가 정확히 약속 시간에 나왔다면, 아니 10분 일찍 나왔다면 당신이 지금과 달랐을까요? 예배인도하는 그 자리는 당신의 가장 좋은 모습만 보여질 수 있도록 만들어진 자리예요. 쇼윈도 같은 자리라고요. 하지만 지금 이 자리는 달라요. 교회 성도 중 그 누구도 보는 사람 없고 사람들의 갈채도 없어요. 다만 있는 것은 짜증 나는 도로 상황뿐이죠. 이 상황에 반응하는 당신의 모습, 이것이 당신의 진짜 영성이고 현주소지 뭐겠어요!"

분명 나는 매 순간 진실하게 예배를 인도했다. 쇼처럼 드리지 않으려고 최선을 다했다. 하지만 아내가 10여 분 늦은 것으로 인해 나의 영성은 무너져내렸다. 순식간에 대낮의 폭주족으로 변해버린 내 모습.

"이것이 당신의 영성, 당신의 현주소란 말이에요!"

이 말은 아내를 통해 말씀하신 하나님의 안타까움이자 사랑의 표현이었다. 사람들 앞에서 예배인도할 때만 함께하시는 하나님이 아닌, 내가 혼자 있을 때에 더욱 나의 하나님이 되고 싶어하시는 아버지의 소원이었다.

죽기 살기로 치열하게

하나님과의 관계에 있어서 최선이란 말이 진리 옆에 아주 근소한 차이로 숨어 있는 비非진리였음을 주님께서는 그날 골방에서 내게 보여주셨다.

그날 밤은 하나님께서 나의 지난 모습들을 보여주신 솔직한 밤이었다. 아내의 외로움을 마음 깊이 바라보게 하신 미안함의 밤이었다. 최선이란 말밖에 모르고 살았던 나를 막막하게 만든 절망스러운 밤이었다.

그래서 나는 다시 가난한 과부의 헌금 사건을 펼쳐보았다. 가난한 과부를 통해 내 모습을 돌아보고 싶었기 때문이다. 말씀을 읽어 내려갔다. 그런데 내가 신주단지처럼 붙잡고 있던 최선이란 단어가 다른 단어로 적혀 있는 것이 아닌가!

'전부'

> 저들은 그 풍족한 중에서 헌금을 넣었거니와 이 과부는 그 가난한 중에서 자기가 가지고 있는 생활비 전부를 넣었느니라 하시니라 _눅 21:4

'어! 이럴 리가 없는데?'

마가복음도 찾아보았다. 동일하게 '생활비 전부'라고 표기되어 있었다.

> 그들은 다 풍족한 중에서 넣었거니와 이 과부는 그 가난한 중에서 자기의 모든 소유 곧 생활비 전부를 넣었느니라 하시니라 _막 12:44

본문을 대할 때마다 분명 '최선'으로 보았는데 왜 '전부'란 단어가 적혀 있는 것일까? 나는 제대로 알지도 못한 채 그것을 진리 삼아 그렇게 치열하게 살아왔던 것일까?

후에 정리된 생각인데 그것은 내가 믿는 가치를 쉽게 말씀과 연관 지어서 마치 하나님의 뜻인 양 결론을 내는 못된 자아의 모습이었다. 말씀을 정확하게 보지 않고, 내가 살기 위해 교묘히 말씀을 이용해서 내 뜻을 합리화시킨 것이었다. 겉으로만 하나님을 따라가는 척한 것이었다. 하나님을 경홀히 여긴 것이었다.

'전부와 최선'

비록 이 두 단어가 5밀리미터 정도의 미세한 차이를 가졌다 할지라도 그 차이를 없애지 않는 한 같은 열매를 맺을 수 없다. 가깝지만 영원히 서로 다른 길을 가는 평행선처럼 말이다.

혼탁하게 섞여 있는 내 믿음의 모습들. 성경을 더욱 정확히 보고 즐거워하며 말씀이 결론이 되도록 살았더라면 주님이 나의 최선이 아닌 나의 전부란 믿음으로 살았을 텐데… 아쉬움보다 그 이상의 죄송함이 밀려왔다. 아니, 그 이상의 어떤 힘이 나를 엄습했다.

'나는 그동안 말씀을 어떤 가치로 여기며 살아온 것일까?'

1년 전부터 이른 아침마다 말씀을 읽기 위해 교회로 가던 아내와 아들의 모습이 떠올랐다. 소리 없이 그들의 모습을 보여주시는 주님.

'죽기 살기로 치열하게 말씀 앞에 서라!'

그것은 명령이었다. 그 명령은 매우 강력해서 어쩌면 주님과 연합할 수 있는 마지막 기회일지도 모른다는 생각마저 들었다. 버려지기 직전에 거저 주어진 마지막 기회.

살기 위해 순종하고 싶었던 것은 아니었다. 오히려 주님을 위해 죽고 싶은 마음이었다. 그래서 그 음성 앞에 완전한 순종으로 나아가지 않을 수 없었다. 그렇지 않으면 이번에는 정말 인생이 끝장나버릴 것 같았다. 자기의 의로 무의미하게 열심만 내다가 버려지는 인생!

내가 내 몸을 쳐 복종하게 함은 내가 남에게 전파한 후에 자신이 도리어 버림을 당할까 두려워함이로다 _고전 9:27

이어 단호한 결단의 선포가 내 입에서 나왔다.

"네, 주님! 죽기 살기로 치열하게 말씀을 읽겠습니다!"

너는 마음을 다하고 뜻을 다하고 힘을 다하여 네 하나님 여호와를 사랑하라 _신 6:5

말씀의 전신 거울 앞에 서다

내 안에 말씀 있다

마지막 기회일 것 같은 절박한 느낌에 그날 이후로 죽기 살기로 치열하게 성경을 읽기 시작했다. 예배사역과 관련하여 찬양 콘티를 짜고 보컬팀과 악기팀 연습에만 빠져 있는 것이 아니라 전심을 다해 성경만 펼쳤다.

아침에 눈을 뜨자마자 생각나는 것은 말씀 읽기였다. 연한 색연필로 한 절씩 그어져가는 성경책을 볼 때마다, 이 말씀과 저 말씀이 오묘하게 연결될 때마다 기쁨이 몰려왔다. 주신 마음을 한 절이라도 놓칠까 봐 이리저리 볼펜을 찾아가며 성경의 여백을 빼곡히 채워나갔다. 마치 크리스마스 선물을 받고 기뻐하는 어린아이가 된 기분이었다. 말씀이 나를 어린아이처럼 만드셨고, 가난한 자가 되게 하셨으며, 복 있는 자가 되게 하셨다.

> 예수께서 그 어린 아이들을 불러 가까이 하시고 이르시되 어린 아이들이 내게 오는 것을 용납하고 금하지 말라 하나님의 나라가 이런 자의 것이니라 _눅 18:16

> 심령이 가난한 자는 복이 있나니 천국이 그들의 것임이요 _마 5:3

> 예수께서 눈을 들어 제자들을 보시고 이르시되 너희 가난한 자는 복이 있나니 하나님의 나라가 너희 것임이요 _눅 6:20

예전에 나는 특별한 이유가 없는 한 성경책을 가방에 넣고 다니지 않았다. 부끄럽지만 무겁다는 단순한 이유, 더 솔직하게 말하자면 '요즘 같은 시대에 들고 다닐 필요 없다'는 생각 때문이었다. 예배당마다 설치되어 있는 빔 프로젝터의 편리함으로 어느새 성경책은 들고 다닐 필요 없는 무겁고 거추장스러운 물건이 되어버렸다. 예배사역자인 나에게조차 말이다. 여분의 피크(pick, 기타를 치는 데 쓰는 작은 삼각 플라스틱 조각)는 가볍고 필요하다는 이유로 꼭 가방에 챙겨 넣고 다니면서 성경책은 책상 위에만 모셔두었다.

하지만 그날 밤 이후 나는 달라졌다. 말씀을 읽든 못 읽든 무조건 제일 먼저 성경책을 가방 속에 넣었다. 시간이 없어도 성경책 겉표지라도 보려고 챙겼다. 읽을 상황이든 아니든 무조건 말씀 앞에 치열하게 있으려고 했다.

말씀이 내 가방 안에 있다는 사실만으로도 마음이 든든했다. 마치 "내 안에 너 있다"라는 한 드라마의 대사처럼 내 안에 말씀이신 주님이 계셨기에 기뻤다. 그리고 그 기쁨은 점점 내 삶의 힘이 되어갔다.

'말씀은 나의 힘! 예수는 나의 힘!'

결코 멈출 수 없는 사랑

어떤 이들은 이런 나에게 "남들도 이미 다 했던 일인데 뭐 그렇게까지 호들갑을 떠느냐"라고 말할 수도 있다. 말씀을 읽는 것이 뭐 그리 대단하냐고, 말씀을 읽는 것이 인생에 무슨 영향을 그리 크게 끼치느냐고, 말씀 읽기를 강조하는 것은 너무 행위 중심적인 신앙이 아니냐고 말이다.

하지만 그렇게 말하는 이들은 분명 말씀은 안 읽으면서 그렇게 말하는 사람이거나, 말씀을 그냥 무의미하게 읽는 사람이거나, 비판하는 것을 자신의 사명으로 생각하는 사람 중 하나일 것이다.

나는 단순한 책 읽기를 시작한 것이 아니었다. 몰입할 수 있는 어떤 취미 생활을 하나 발견한 것도 아니었다. 나의 성경 읽기는 바로, '말씀 앞에 직면하는 것'이었다. '받은 말씀이 내 삶의 결론이 되도록 하자!'

는 것이었다. 말씀이 죽으라면 죽고 살라면 사는 삶 말이다. 주님이 아무 말씀도 안 하시면 그냥 기다리는 것 외에 아무것도 하지 않는 것 말이다. 내려진 결론 앞에서 이런저런 변명을 대면서 요리조리 피해 다니지 않는 것 말이다.

그러기에 전심 외에 다른 마음으로 말씀을 대할 수가 없었다. 온 마음을 다해 말씀을 읽지 않는 한 말씀 앞에 직면하는 것은 불가능했다. 무조건적인 순종만이 내가 할 수 있는 유일한 일이었다.

그러기를 하루 이틀, 찬송가의 가사처럼 성경 말씀은 내게 진짜 '달고 오묘한 그 말씀'이 되었다. 읽다가 울기도 하고 웃기도 했으며 무엇보다 예수님의 사랑이 내 심령 속에서 한여름의 분수처럼 용솟음치기 시작했다.

결코 멈출 수 없는 사랑. 이 사랑을 지속적으로 맛볼 수만 있다면 그 어떤 대가라도 치르리라! 말씀 읽기만큼은 결단코 양보하지 않으리라! 내 두 눈에서 비늘이 벗겨지고 나를 둘러싼 모든 것 속에서 아버지의 사랑이 풍성하게 보이기 시작했다.

즉시 사울의 눈에서 비늘 같은 것이 벗어져 다시 보게 된지라

_행 9:18

성경 말씀을 통해, 아버지의 음성을 통해, 사람들과의 대화를 통해, 하늘과 땅 그리고 거리의 풍경들을 통해, 모든 오감을 통해 하나님께서

는 나에게 아버지 자신을 드러내셨다. 그렇게 나는 이전의 피상적이었던 관계와 달리 실제적인 관계로 주님과 깊이 맺어지기 시작했다.

> 나는 포도나무요 너희는 가지라 그가 내 안에, 내가 그 안에 거하면 사람이 열매를 많이 맺나니 나를 떠나서는 너희가 아무것도 할 수 없음이라 _요 15:5

성경 읽으세요?

어느 날 교회 서점에서 책을 보다가 무심코 서점에서 일하는 자매에게 물었다.

"자매님, 성경 읽으세요?"

"읽어야 하는데 시간이 없어서 못 읽어요."

죄라도 지은 사람처럼 벌게지는 얼굴, 점점 기어 들어가는 목소리. 그냥 물어보았을 뿐인데 마치 내가 자매의 큰 잘못을 지적한 사람이 된 것 같아서 오히려 미안해졌다. 시간이 없어서 성경을 보지 못한다는 자매. 그것이 부끄러워 미안한 기색을 보이는 그녀. 어찌 이 사람만의 일이겠는가? 한 팀으로 섬기고 있는 성도님의 대답도, 다른 교회에서 사역하는 지체의 대답도 거의 백 퍼센트 똑같을 것이다.

말씀 보고 기도하다가 죽을 인생이라고 생각되어지는 목회자들은 어떨까? 바쁜 교회사역이 합법적인 이유라도 된 듯이 말씀 앞에 직면해야 하는 것을 계속 미루지는 않는가? 가슴 한편에 묵직한 부담감과 죄송함을 간직한 채 말이다.

나는 수많은 회중들 앞에서 드리는 대표기도나 아주 중요한 결정을 내려야 하는 결단의 기도보다, 찬양인도 직전에 2,3분 정도 예배팀원들과 함께 드리는 기도가 가장 괴로웠다.

"하나님, 우리 팀 가운데 충만하게 임하여주십시오. 모두가 신령과 진정한 예배를 드릴 수 있도록 저희를 사용해주십시오. 우리의 몸과 마음이 아버지의 마음으로 충만해지기를 간절히 소원합니다. 주님 원하시는 곳에 우리가 가고 주님이 말씀하시는 것을 저희가 행할 수 있도록 하나님 아버지께서 이 예배 가운데 강하게 임하여주시옵소서."

기도를 마치자마자 팀원들은 모두 최선을 다해 예배를 인도하기 시작한다. 땀을 흘려가며 떠나갈 듯한 목소리로 노래하고 눈빛으로 '더욱 더 최선을 다해 주님을 예배합시다!'란 메시지를 회중들에게 전하면서 말이다.

찬양의 가사를 통해 그것이 자신들의 결론임을 공개적으로 고백하고 있는 팀원들. 그러나 열정적이었던 그 시간이 끝나고나면 나는 자주 절망했다. 설교 시간에 졸고, 노래하고 연주하느라 흘린 땀을 닦으며 목마르다고 예배당을 빠져나가고, 음향에 대한 전문적인 지식도 없으면서 방송실로 올라가 잡담 반 농담 반으로 나머지 예배 시간을 때우는 팀원들의 모습을 볼 때마다(물론 모두가 그런 것은 아니다) 간절하게 불렀던 찬양들과 울려 퍼지던 신앙고백들이 모두 연기가 되어 사라져버린 것 같았다.

이러한 생각이 나 혼자만의 오해라면 좋으련만 만약 내가 느낀 것이 사실이라면 그게 무슨 예배인가! 예배인도할 때만 드러나는 영성이라면 무당과 다를 것이 무엇이란 말인가! 솔직히 말하면 예배인도 직전의 기도가 간절할 수 있는 이유는 내가 인도하기 때문이 아닌가!

'내가 하니까, 내가 하니까, 내가 하니까!'

> 화 있을진저 외식하는 서기관과 바리새인들이여 너희는 교인 한 사람을 얻기 위하여 바다와 육지를 두루 다니다가 생기면 너희보다 배나 더 지옥 자식이 되게 하는도다 _마 23:15

설교도 비슷한 경우가 있을 수 있다. 설교 자체가 목적이 되면 설교 시간 동안 선포되어졌던 아버지의 마음 또한 설교가 끝남과 동시에 사라져버린다. 겉으로는 주님을 전하면서 속으로는 자신을 위해 철저히 주님을 이용해서 주님을 설교의 결론으로 삼는다. 마음먹고 그런 것은 아니겠지만 어느새 변질되고 마는 것이다.

> 주 여호와의 말씀이니라 보라 날이 이를지라 내가 기근을 땅에 보내리니 양식이 없어 주림이 아니며 물이 없어 갈함이 아니요 여호와의 말씀을 듣지 못한 기갈이라 _암 8:11

아버지의 마음을 읽다

내가 필요하면 말씀을 보고, 필요 없으면 보지 않았기에 드러날 수밖에 없었던 나의 추한 모습들.

십자가의 죽으심을 문자로만 믿었다. 필요할 때만 부활을 믿었다. 재림은 말로만 믿었다. 출애굽 사건을, 오병이어의 기적을 그렇게 믿었다. 바알에게 무릎 꿇지 않은 7,000명은 행사에 사람들을 동원할 때만 믿는다 말했고, 기드온의 300명의 용사 역시 그렇게 사용했다. 노아의 방주는 먼 옛날이야기처럼 막연히 믿었다.

무엇보다 하나님에 대해 그렇게 믿었다. 그러니 당연히 그러한 믿음에 따른 소출만큼만 먹을 수 있었다. 행복하지 않은 나의 삶, 피상적인 능력, 자기 의지로 점철된 믿음.

죽기 살기로 말씀 읽기를 시작한 후로 때론 완전히 발가벗긴 채로 전신 거울 앞에 던져진 것 같아 너무 힘들었다. 아팠고 치욕스러웠다. 치장하고 위장하고 변장까지 했던 껍데기들이 벗겨지니 어디라도 도망치고 싶었다.

하나님의 말씀은 살아 있고 활력이 있어 좌우에 날선 어떤 검보다도 예리하여 혼과 영과 및 관절과 골수를 찔러 쪼개기까지 하며 또 마음의 생각과 뜻을 판단하나니 지으신 것이 하나도 그 앞에 나타나지 않음이 없고 우리의 결산을 받으실 이의 눈 앞에 만물이 벌거벗은 것 같이 드러나느니라 _히 4:12,13

하지만 시시때때로 주시는 아버지의 마음.

의에 주리고 목마른 자는 복이 있나니 그들이 배부를 것임이요

_마 5:6

한 발자국 한 발자국씩 주님만으로 만족하는 삶을 살기 시작했다. 그리고 나의 주변 또한 놀랍게 변화되기 시작했다. 주님이 하나님 되심을 나타내시기 시작한 것이다.

죽기 살기로 치열하게 말씀을 읽은 것 외에 내가 한 일이라고는 아무것도 없는데 말이다.

너희는 가만히 있어 내가 하나님 됨을 알지어다 _시 46:10

왜 굳이 '말씀 읽기'인가?

다른 것도 있을 텐데 **왜 하필** 꼭 집어서 말씀 읽기인가?

그동안 사역자로 살아오면서 말씀이 가장 중요하다는 사실을

잘 알고 있었기에 결코 말씀을 등한시하지 않았다.

하지만 말씀 외에도 중요한 것이 얼마나 많은가?

전도, 선교, 구제, 봉사 등등….

그러나 순종하면 할수록 주님께서 왜 내게

말씀 읽기를 명령하셨는지 **그 이유**를 확연히 알 수 있었다.

말씀을 전심으로 읽으면 읽을수록

나의 **진짜 모습이** 여지없이 드러났다.

스스로도 너무 부끄러워 견딜 수가 없을 지경이었다.

이대로 살다가는 그냥 파멸해버릴 것 같았다.

따라서 말씀 읽기는 나에게 있어서 아주 **긴급한 명령**이자,

시기적절한 처방전이었다.

280일간의 기록

40일째 주님이 하신다

85일째 달갑지 않은 손님

115일째 내일 일은 난 몰라요

150일째 5개월 전부터요

154일째 끊을 수 없는 사랑

167일째 하루를 살아갈 수 있는 힘

179일째 아이라 말하지 마라

200일째 올 것이 왔다

207일째 말씀이 풍성히 거하면

210일째 너는 좌편이냐 우편이냐

228일째 이스라엘, 이스라엘

230일째 예배하라

245일째 나의 광야로 가다

254일째 기록된 바

265일째 배고픔, 모든 욕망의 다른 이름

271일째 농부가 나쁜 직업이냐

275일째 연합의 기쁨

280일째 그 명령의 이유

주님이 하신다 40일째

예전에도 성경을 읽지 않은 것은 아니지만,
지금은 확실히 그때와는 다르게 성경을 읽고 있다.
혈과 육이 아닌 성령님과 함께 말씀을 보는 것이다.
특히 주변 사람들에게 "죽기 살기로 말씀을 읽자!" 라고 말하며
거의 반독재자처럼 행동하는 내가 대견스럽다.
성경을 읽기 시작한 후 내 삶은 점차 변하기 시작했다.
주변 상황도 바뀌고, 나도 바뀌니
시너지 효과를 일으킨 것이다.

성경을 함께 읽기 시작한
교회 예배팀의 상황도 변하기 시작했다.
사실 드러내지 않아서 그렇지 팀을 운영하다보면
마치 외줄을 타고 있는 듯한 느낌이 들 때가 있다.
한 사람이 괜찮아지면 그 옆의 사람이 어려워지고
겨우 진정시키면 전혀 안 그럴 것 같았던 사람이 쓰러진다.
그런데 팀 전체가 한 몸을 이루어 성경을 읽기 시작하니
말씀이 개개인을 쪼개어 실체를 보여주었다.

사실 이 글을 쓰면서 부끄러운 마음이 든다.
새삼스럽게 성경 읽는 것이 뭐 그리 대단한 일이라고
이런 글을 쓰나 싶기도 하고, 또 얼마나 성경을 안 읽었으면
성경을 읽으니 개인과 공동체가 바뀐다고 이야기하나 싶어서이다.
그런데 이러한 내 삶을 주변 사람들과 나누어보니
대다수의 그리스도인들이 띄엄띄엄 성경을 읽거나
가끔 큐티만 할 뿐, 매일 성경을 읽기 위해서
'고군분투孤軍奮鬪'하지는 않는다는 것을 알았다.
어느새 교회와 개개인의 일상 속에서 말씀 읽기는
고군분투라는 단어를 쓰지 않고서는 행할 수 없는
매우 어려운 일이 되어버렸다.
그래서 나는 올해 초부터 죽기 살기로 치열하게
읽겠다는 각오로 말씀 앞에 직면하기로 했다.
주님만이 모든 것의 결론이 되도록
이전과 다른 몸과 마음으로 성경을 읽기 시작한 것이다.

기나긴 모세오경을 다 읽고 여호수아 12장을 읽었다.
요단강을 건너간 광야의 세대들,
그들이 요단강을 건넌 후에 한 대부분의 일은 전투였다.
기나긴 광야의 세월 속에서
하나님을 참으로 많이 경험한 그들은

요단강을 건넌 후에는 뭔가 달라질 것이라 기대했을 것이다.
그런데 약속의 땅을 향해 가는 길에는
줄기차게 이어지는 전투만이 그들을 기다리고 있었다.
전투로 가족이 죽고, 벌판에서 잠을 자고, 매일같이 굶고,
오늘 일도 모르고 내일 일도 모르는
변화무쌍한 시간 속에서 살아야 하는 그들.
나는 인간관계가 조금만 어그러져도 힘이 드는데
그들은 얼마나 힘겨웠을까?
그런데 오늘 여호수아 11장 8절에 있는
또 하나의 전투 이야기를 읽으며
내 인생에서 어느새 잃어버리고, 잊혀진,
아주 중요한 사실을 깨닫게 되었다.

여호와께서 그들을 이스라엘의 손에 넘겨 주셨기 때문에 그들을 격파하고 큰 시돈과 미스르봇 마임까지 추격하고 동쪽으로는 미스바 골짜기까지 추격하여 한 사람도 남기지 아니하고 쳐죽이고

싸움은 이스라엘 백성들이 하지만
그 싸움을 주관하시는 분은 하나님이란 것을 말이다.

하나님의 백성, 하나님의 사람들이 모인 공동체의
진정한 리더들에게는 공통점이 있다.

바로 "주님이 하십니다!" 라는 고백으로

모든 영광을 주님께 돌리며

살든지 죽든지 주님께 감사한다는 것이다.

난 과연 주님의 영광을 갈취하지 않는 자인가?

난 과연 죽든지 살든지 주께 감사를 드리는 자인가?

문제는 나의 주인은 누구이며

나는 그 주인을 어떻게 섬기며 살아가느냐이다.

내가 그리스도와 함께 십자가에 못 박혔나니 그런즉 이제는 내가 사는 것이 아니요 오직 내 안에 그리스도께서 사시는 것이라 이제 내가 육체 가운데 사는 것은 나를 사랑하사 나를 위하여 자기 자신을 버리신 하나님의 아들을 믿는 믿음 안에서 사는 것이라 _갈 2:20

달갑지 않은 손님 85일째

'좌불안석坐不安席'이란 말이 있다.
엉덩이를 붙이고 오랫동안 앉아 있을 수가 없다.
자꾸 누군가에게 전화를 하고 싶다.
인터넷을 이리저리 목적도 없이 보기 시작한다.
손톱을 뜯기 시작한다.
그리고 이내 손가락으로 책상을 톡톡톡 친다.
달갑지 않은 손님이 찾아온 것이다.
바로 '불안'이란 손님이다.

지난 3일간 거의 4,000여 명에 가까운 손님들을 치렀다.
연중행사 중 가장 크고 중요하게 생각하는 행사를
정신없이 치르고나니 바로 '허탈'이란 손님이 찾아왔고,
그 허탈이란 손님이 해결되지 않으니
곧이어 '불안'이란 친구까지 쫓아왔다.
그런데 그 앞에 형용사가 붙는다.
바로 '알 수 없는'이다.
이유와 목적이 분명치 않으니

'알 수 없는 불안'인 것이다.

현대사회는 급속도로 발전한다.
그리고 그 발전은 분명 인간의 불완전함과 부족함을
해결하려는 목적으로 진행되어간다.
그럼에도 불구하고 우리 모두가 인정하지 않을 수 없는 것은
사회가 발전하면 할수록 불안이 증폭된다는 것이다.
게다가 뚜렷한 이유나 목적이 있는 '알 수 있는 불안'보다는
'알 수 없는 불안'의 영역이 더 커진다.
이를 해결하기 위해 우리는 각자 무언가에 몰두한다.
쇼핑과 게임, 재테크와 보험, 성형과 연애 등으로
불안에서 벗어나려고 애쓴다.
심지어 '종교생활'이란 이름의 것으로도.
이러한 것들을 다른 말로 이야기한다면 바로 '중독'이다.
그리고 이 중독은 '우상숭배'와도 크게 다르지 않다.

치열하게 성경을 읽기 시작한 이후로
만나지 않았던 손님이 찾아오니 정신이 없었다.
도통 정신을 집중할 수가 없었다.
차를 몰고 가면서도 마음 한쪽이 불안했다.
그러더니만 드디어 옛날의 모습,

나의 옛 자아가 드러나기 시작했다.

나에게는 버릇이 한 가지 있다.
불안하거나 생활이 정돈되어 있지 않으면
말씀을 보고 기도하는 대신
문구점에 가서 마음에 드는 새 다이어리를 사온다.
그리고 몇 시간이고 책상 앞에 앉아
원래 사용하던 다이어리의 내용을 새 다이어리에 옮겨 적는다.
우선, 지나간 스케줄을 1월부터 그대로 옮겨 적는다.
그러다보면 '내가 이렇게 열심히 살았구나' 하는 마음에
스스로 뿌듯함을 느낀다.
그 다음으로 앞날을 생각하며 계획을 세우고 결정한다.
'이건 이렇게 하면 되고 저건 저렇게 하면 되고!'
(완전히 '생각대로 하면 되고~'이다.)
마지막으로 사람들의 연락처를 정리해나간다.
내가 내 인생의 완전한 주인이 되어버린 듯한 착각의 순간들.
펜을 잡고 있는 내 손이 마치 창조자의 손인 듯하다.

나더러 주여 주여 하는 자마다 다 천국에 들어갈 것이 아니요 다만 하늘에 계신 내 아버지의 뜻대로 행하는 자라야 들어가리라 _마 7:21

옛 자아란 놈은 뭔가를 하고 싶으면
핸들을 잡고 운전하고 있는 상황에서도
죽음을 무릅쓰고 무조건 움직이려는 경향이 있다.
나는 한 손으로는 핸들을 잡고
다른 한 손으로는 조수석 옆에 놓인 화장지 뒷면에다가
무어라고 막 갈겨쓰기 시작했다.
뭐 그리 대단한 아이디어라고 기어이 기록하려고 하는지….
아무래도 위험하다 싶어 이내 혼잣말로 중얼거린다.
결코 잊지 않겠다는 심정으로 생각나는 것들을 말하는 것이다.
'알 수 없는 불안' 때문에 드러난 기가 막힌 내 모습.
곧 내 안에서 '이러면 안 돼!'라는 외침이 들렸다.
내 힘이 아닌, 오늘 아침에 받은 말씀으로
하루를 살 수 있게 해달라고 운전하면서 기도했다.
아무리 좋아도 주님께서 주신 것이 아니면
거절하고 냉큼 쫓아버릴 수 있게 해달라고 기도했다.
그러면서 나도 모르게 한 손으로는 핸들을 잡고
다른 한 손으로는 허공을 휘휘 저으며
마치 생각났던 아이디어들을 칠판지우개로
지워버리는 시늉을 했다.
옛 자아가 덮쳐버릴 것 같은 절박한 상황이었기에
그런 행동이 나왔던 것이다.

그러고는 바로 두 손으로 핸들을 잡고,
하나님을 아빠라 부르며 간절히 기도했다.
'아빠! 저를 용서해주세요.
오늘 읽은 말씀이 저의 결론이 될 수 있도록
그 말씀을 다시 제 안에 채워주세요.'

너희는 다시 무서워하는 종의 영을 받지 아니하고 양자의 영을 받았으므로 우리가 아빠 아버지라고 부르짖느니라 성령이 친히 우리의 영과 더불어 우리가 하나님의 자녀인 것을 증언하시나니 _롬 8:15,16

'아빠! 운전하면서 생각났던 것들 다 지워버렸습니다.
설령 좋은 기획이라 할지라도
알 수 없는 불안 가운데 생긴 마음이기에
그것은 아빠가 주신 마음이 아닙니다.
그것은 버려야 할 쓰레기입니다.
저를 높이기 위한 우상숭배일 뿐입니다.
저에게는 아빠면 충분합니다.
아빠가 저의 결론입니다.
아빠의 행하심만 바라볼 수 있게 해주세요.

이 알 수 없는 불안과 싸워 이기게 해주세요.

오직 말씀의 힘으로!'

명분을 세워서 끊임없이 새로운 일을 만들어냈고,

외로움 때문에 새로운 사람들을 만났고,

미래를 생각해서 내 집 하나 장만하고 싶었다.

말씀이 '가라' 했기에 간 것이 아니었고,

'행하라' 했기에 행한 것이 아니었다.

이 모든 것은 보이지도 않는 먼 미래에 대한

알 수 없는 불안 때문에 드러난 죄인 된 나의 모습이었다.

결코 되풀이하고 싶지 않은 모습.

그러기에 보이지는 않지만 분명한 실체이신

주님의 음성을 듣기 위해

말씀 앞에 한시라도 직면하지 않고서는

이제 나는 살 수가 없다.

아니, 살아도 산 것이 아니다.

내일 일은 난 몰라요 115일 째

오늘은 주일이다.

나는 거의 파김치가 되어서 저녁에 집에 돌아왔다.

우리 가족은 아무리 피곤해도

저녁이 되면 잠언 한 장을 돌아가면서 읽고 하루를 마무리한다.

오늘은 잠언 24장을 읽어야 한다.

나는 너무 피곤한 나머지 아내와 아들에게 양해를 구했다.

"오늘은 두 사람만 읽으면 안 될까? 나는 옆에서 들을게."

애틋한 눈으로 나를 바라보는 아내와 아들이 고맙다.

아내에 이어 말씀을 읽어 내려가는 아들,

잠언 24장 6절을 읽는데 소스라치듯 놀라고 말았다.

너는 전략으로 싸우라 승리는 지략이 많음에 있느니라 (개역개정)

전략을 세우고 전쟁하라 전략가들이 많아야 승리를 얻는다 (쉬운성경)

어떤 사람에게는 아무 느낌 없이

지나쳐버릴 수 있는 말씀이겠지만

나는 그 말씀을 통해 오랫동안 내 안에 품고 있던

기도의 응답을 받았다.

피곤했지만 억지로라도 말씀 앞에 있으려 했기에
받아먹을 수 있었던 최고의 양식이었다.

그 기도는 '기름부으심'으로 충만한
예배팀을 만들고 싶은 소망이었다.
우후죽순雨後竹筍처럼 생겨나는 예배팀들,
그들 하나하나는 다 소중하다.
하지만 예배팀을 돌아볼 때
여전히 '풍요 속의 빈곤'이란 말을 지울 수 없다.
기름부으심이란 이름을 걸고 사역하지만
기름부으심의 소망을 걸고 기도해보지만
알게 모르게 옛 자아를 짜내어 얻은 기름에 불을 붙여
사역하는 경우가 너무나 많기 때문이다.
그러기에 나는 어딘가에 꼭꼭 숨겨져 있는
이 시대의 다윗들을 만나길 소망했다.
주님이 이끄시는 예배팀,
주님이면 충분한 예배팀,
주님이 결론인 예배팀을 만들기 위해서 말이다.
그런데 어떻게 그러한 사람들을 만나서
팀을 꾸릴 수 있는지 그 방법을 알 수 없었다.
그런데 하나님께서 오늘 내게 말씀으로 그 방법을 알려주셨다.

하나님은 잠언 24장 6절 말씀의

'전략', '지략', '전략가'란 단어를 잠언 1장 7절로 옮겨주셨다.

여호와를 경외하는 것이 지식의 근본이거늘

그 단어들은 바로 '주님을 경외하는 자'에 초점을 맞추고 있었다.

(성경이 꿀송이처럼 달다는 말이 바로 이래서이지 않은가!)

'음악'이란 기술적 제반 사항이 없으면

하기 어렵게 된 현대의 예배사역.

하지만 하나님은 다시금 예배의 중심은

'주님을 경외하는 것'이라고 말씀해주셨다.

나는 그저 이 말씀에 순종함으로 나아가기만 하면 된다.

99퍼센트도 아닌 백 퍼센트의 순종으로

하나님이 성경을 통해 직접 말씀하신

그 무언의 하늘 소리에 철저히 응답해가면 된다.

말씀을 주셨기에 그 방법도 주님이 주실 것이다.

'아버지, 제게 전략을 주옵소서.

이 시대에 바알에게 무릎 꿇지 않는 7,000명의 용사,

전략가들을 붙여주옵소서.

배워 익숙한 자 288명을 길러내게 해주옵소서.'

내가 나를 위하여 바알에게 무릎을 꿇지 아니한 사람 칠천 명을

남겨 두었다 하셨으니 _롬 11:4

그들과 모든 형제 곧 여호와 찬송하기를 배워 익숙한 자의 수효가 이백팔십팔 명이라 _대상 25:7

말씀이 나를 이끌어가고 있는 지금,
예전에는 절대 마음으로 동의하지 않았던
이 찬양을 즐겨 부르게 되었다.
"내일 일은 난 몰라요~ 하루하루 살아요~"

5개월 전부터요 150일째

김우현 감독과 예수전도단 캠퍼스 워십팀과 함께했던
〈3인의 예배 컨퍼런스〉 집회에 참석한
동역자들에게 중보기도를 요청했다.
"이제 예배인도를 하게 되는데
주님의 통로가 될 수 있도록 기도를 부탁드립니다."
그런데 한 분이 대뜸 질문을 던졌다.
"목사님! 행복하세요?"
마치 무엇을 조사하는 듯한 눈빛.
질문이 예사롭지가 않다.
'행복하냐고?'

지난 내 삶을 돌아보니 참 끈질기게
'행복'이란 것을 찾아 헤맸다.
'행복이란 진짜 무엇일까?'
'행복한 삶이란 도대체 어떤 것일까?'
신학교에 다니면서도, 예수원에서 살면서도,
필리핀과 우즈베키스탄에서 지냈을 때에도

이 질문들은 내 곁을 떠나지 않았다.
이 부분이 맞으면 저 부분이 맞지 않는 것 같고,
어떤 이의 말로 인해 그 실마리를 잡은 듯하면
뒤따르는 그의 행동으로 인해 좌절하기 일쑤였다.
강단에서의 모습과 실제 삶의 모습이 다른 목회자들이나
교회 지체들의 모순된 모습들을 보면서 시험에 빠졌다.
하나님만 봐야 하는데 사람들의 모습에 갇혀버린 것이었다.
그래서 교회를 떠나 방황하곤 했다.
그때는 그것이 하나님 앞에서 일말의 양심을 가진 자의
의로운 모습이라 생각했다.
하나님을 제대로 찾지도 못한 채
제품처럼 만들어진 목회자의 길을 걸어갈 수는 없다고 생각했다.

성경 말씀은 주님을 믿는 자는 복이 있다고 하는데
내 삶에서는 그 말씀이 입증되지 않으니 절망스러웠다.
나의 괴로움은 목마름 그 자체였다.
그래서 필리핀에서 살 때는 문득 혼자서 중얼거렸다.
"Who am I?"
우즈베키스탄에서 살 때도 마찬가지였다.
"끄또 에 따?"
그것이 이십 대 청년 시절의 내 모습이었다.

'나는 누구인가?'

진리眞理란 분명하고 명확할진데 어떻게 된 것이

나는 이 질문을 하면 할수록 생각이 더 복잡해졌다.

그 방황의 미로를 계속 따라가다보니

나중에는 그 끝이 막혀서 더 이상 갈 수 없었다.

좁디좁은 곳에 꽉 끼어버린 채

오도 가도 못하게 되어 숨이 막히는 듯한 기분이었다.

특히 요한복음 14장 6절 말씀은

내 앞에 놓여 있는 거대한 산이었다.

넘어가고 싶은 말씀, 깨닫고 싶은 말씀,

그 속에 푹 잠기고 싶은 말씀이었다.

예수께서 이르시되 내가 곧 길이요 진리요 생명이니

나로 말미암지 않고는 아버지께로 올 자가 없느니라

나는 신학교 기도실에서 이 말씀을 붙잡고 주님께 하소연했다.

'성경에 나와 있는 이 말씀,

하지만 제게는 실제가 되지 않는 말씀인데

어찌 믿으라고만 하십니까?

제게 이 말씀의 참뜻을 알려주십시오!'

선교사로 선교지에 있었을 때와

국내에서 예배사역을 시작했을 때,

잠시나마 그 문제로부터 벗어나는 듯한 해방감을 맛보았다.

눈앞에 보이는 비전과 환경으로 인해
'드디어 발견했구나' 하고 착각에 빠진 것이었다.

그러나 비전이나 환경에 갇힌 주님을
매일같이 내 안에 모시며 살 수는 없었다.
비전과 환경들이 불확실해지거나 곤경을 당하면
근본根本 자체가 흔들렸고 좌절감만 맛보았다.
그래서 내가 그렇게 찾아다녔던 행복을
사도 바울은 고린도후서 11장에서 이렇게 이야기했나보다.

내가 수고를 넘치도록 하고 옥에 갇히기도 더 많이 하고 매도 수없이 맞고 여러 번 죽을 뻔하였으니 유대인들에게 사십에서 하나 감한 매를 다섯 번 맞았으며 세 번 태장으로 맞고 한 번 돌로 맞고 세 번 파선하고 일 주야를 깊은 바다에서 지냈으며 여러 번 여행하면서 강의 위험과 강도의 위험과 동족의 위험과 이방인의 위험과 시내의 위험과 광야의 위험과 바다의 위험과 거짓 형제 중의 위험을 당하고 또 수고하며 애쓰고 여러 번 자지 못하고 주리며 목마르고 여러 번 굶고 춥고 헐벗었노라 (23절에서 27절)

내가 부득불 자랑할진대 내가 약한 것을 자랑하리라 주 예수의 아버지 영원히 찬송할 하나님이 내가 거짓말 아니하는 것을 아시느니라 (30, 31절)

그 행복이 사도 바울에게는 살아 있는 실체였기에
이렇게 살 수 있었으리라.
하지만 나는 강의 혹은 설교를 통해서만
행복을 흉내 냈을 뿐, 내게는 실체가 아니었기에
바울처럼 진정 행복할 수 없었다.
말만 잘했지 아무런 힘도 드러낼 수가 없었다.
말씀이 약속하신 권능, 겨자씨 한 알만 한 믿음이
나에게는 없었다.
다만 그 말씀을 통해 내 숨은 야욕을 이루려고만 했다.
나는 마치 좋은 집에 살면서도 그것을 누리지 못하는
불행한 인생을 사는 사람 같았다.

이러한 짐들을 지고 살았던 내게 던져진 질문,
"목사님! 행복하세요?"
하나님께서 한 자매를 통해 물어보신 것이다.
"영표야! 행복하니?"
나는 그 질문에 당황하는 기색 없이 웃으며 답했다.
"5개월 전부터요!"
나의 대답에 진정 흐뭇하게 웃으시는
하늘 아버지의 환한 얼굴을 볼 수 있었다.
그리고 나 또한 내 입에서 아무 거리낌 없이 나온

그 대답에 놀라고 감사했다.

'내가 이렇게 명확하고도 분명하게
행복하다는 고백을 드릴 수 있다니!'
그리고 덧붙여 이렇게 말했다.

"행복의 비결을 이제 알았거든요!"

그렇다.

'죽기 살기로 읽자. 치열하게 읽자!'를 외치며
보이지는 않지만 실체이신 하나님을 만나기 위해
말씀 앞에 나를 직면시켰던 지난 5개월의 시간.
짧은 시간임에도 불구하고 주님은 말씀을 통해
거대한 파도와도 같았던 행복이란 질문에
분명한 답을 내려주셨다.
내 안에서 발버둥 치던 자아가 잠잠히 있게 되니
어느새 그 행복이 내 것이 되었다.
시편 46편 10절의 말씀이 실체가 된 것이다.
너희는 가만히 있어 내가 하나님 됨을 알지어다
하나님의 영광이 내 안에 충만하게 차올랐다.

이는 물이 바다를 덮음 같이 여호와의 영광을 인정하는 것이
세상에 가득함이니라 _합 2:14

끊을 수 없는 사랑 154일째

나는 지난 10년 동안 6장의 음반을 만들어냈다.
그토록 만들어보고 싶었던 음반,
첫 앨범이 나왔을 때의 기분은 아직도 잊을 수 없다.
하지만 그 앨범이 나를 행복하게 해주지는 못했다.
'판매'라는 것에 묶이기 시작했기 때문이다.
그 묶임은 나를 죄의식 가운데로 몰아가기도 했다.
'예수님을 빙자해서 음반 장사하고 있는 것은 아닌가?'
판매를 신경 쓰지 않을 수 없는 현실 속에서
나는 자유롭지 못했다.

나를 억누르던 또 다른 한 가지, 바로 다이어트.
한때 독한 놈 소리를 들어가며
20킬로그램 정도를 뺀 적이 있었다.
오랫동안 나를 힘들게 했던 살과의 전쟁.
살이 빠졌을 때의 기쁨은 마치 장님이 눈 뜨고 벙어리가 말하고
중풍병자가 일어나서 걷는 것과 같은 기쁨이었다.

아직도 기억나는 것이 있다.

옷 가게에서 허리가 32인치인 청바지를 들고 한참을 서성이다가

'에라, 안 맞더라도 입어나보자' 하고

조마조마한 마음으로 입었는데

쑤욱 바지가 들어가는 것이 아닌가!

그 기쁨과 희열은 맛보지 않은 사람들은 결코 알 수 없다.

하지만 그것도 잠시뿐이었다.

나는 밀려오는 상황과 환경에 다시 지배를 받기 시작했다.

다이어트에 성공했다고 해서 다른 모든 것들로부터

완전히 자유할 수는 없었다.

마치 병이 치료됐다고 해서

앞으로 살아야 할 인생 전부가 행복해지지는 않는 것처럼 말이다.

체중을 줄였기에 건강을 유지할 수는 있었겠지만

신문광고의 문구처럼 그것이 곧 '행복의 시작'은 아니었다.

다른 방법은 없다.

오직 주님만이 필요하다.

주님이면 충분하다.

예수께서 대답하여 이르시되 열 사람이 다 깨끗함을 받지 아니

하였느냐 그 아홉은 어디 있느냐 _눅 17:17

'죽기 살기로 치열하게 말씀을 읽자!'고 외치며
하나님 앞에 서 있었던 지난 시간들,
그동안 하나님은 충만한 사랑을 내 안에 채워놓으셨다.
새기기는 어렵지만 한번 새기면 결코 지워지지 않는
돌 위에 새긴 선명한 글씨처럼,
그것은 '끊을 수 없는 사랑'이었다.

뒤돌아보면 지난 5개월 동안 성경을 읽었다고 해서
매 순간이 주님의 은혜로 충만했던 것은 아니었다.
하지만 나는 은혜가 느껴지지 않는 날에도 계속 말씀을 읽었다.
'오늘이란 돌을 밟지 않으면
징검다리를 건너지 못한다'는 생각을 하면서 말이다.
그래서 때로는 아무런 느낌도 없고 무의미한 것 같아도
'지금 여기Here and Now'란 시공간 속에서
죽기 살기로 말씀 앞에 치열하게 서고자 했다.
말씀대로 '때를 얻든지 못 얻든지 항상' 말이다.

너는 말씀을 전파하라 때를 얻든지 못 얻든지 항상 힘쓰라
_딤후 4:2

그렇기 때문에 계속적으로 이어지는 '오늘'이라는 시간은

과거 속에서는 느끼지 못한 기쁨을

두 배 세 배로 경험할 수 있는 시간이다.

죽기까지 엘리야를 따랐기에 엘리사가

갑절의 영감을 받은 것처럼,

믿음을 가지고 신실하게 나아가기만 하면

갑절의 은혜를 받을 수 있는 최고의 기회가 오는 것이다.

엘리야가 엘리사에게 이르되 나를 네게서 데려감을 당하기 전에 내가 네게 어떻게 할지를 구하라 엘리사가 이르되 당신의 성령이 하시는 역사가 갑절이나 내게 있게 하소서 하는지라

_열하 2:9

'Who am I?'

'ㄲ또 에 따?'

'나는 누구인가?'란 질문에

이제 나는 명확한 답을 품게 되었다.

'하나님과 동행하는 사람' 바로 이것이다.

마치 뜨거운 인두로 지지듯이 분명하게

이 답을 내 가슴에 새긴 말씀 읽기와 묵상의 시간들은

하나님과의 깊은 관계로 나를 인도했다.

하나님과 동행하는 시간은

항상 기뻤고 충만했다.

누가 곁에 없어도 든든했다.

일의 성패가 나를 좌지우지하지 못했다.

내 손에 여전히 말씀이 쥐어져 있기 때문이었다.

이 율법책을 네 입에서 떠나지 말게 하며 주야로 그것을 묵상하여 그 안에 기록된 대로 다 지켜 행하라 그리하면 네 길이 평탄하게 될 것이며 네가 형통하리라 _수 1:8

하루를 살아갈 수 있는 힘 167일째

지난주 사역이 무리였던지 컨디션이 말이 아니다.

목이 쉰 게 아니라 '부서졌다'란 표현이 맞을 정도로

말하는 것 자체가 힘들었다.

쉬고 싶었다.

하지만 아빠란 존재가 어디 그럴 수 있으랴.

오랜만에 쉴 수 있었던 월요일,

몇 주 동안 아빠랑 놀지 못한 아들을 위해

홈스쿨링 모임에서 주최하는 일일 농촌 체험을 떠났다.

가족들과 함께 보내는 시간.

장대비를 맞아가며 또래 아이들과 즐겁게 뛰어노는

아들의 모습에 나오길 잘했구나 싶었다.

하지만 돌아오는 길에 몸 상태가 급격히 나빠졌다.

환절기 때마다 어김없이 찾아오는

알레르기성 비염과 결막염이 겹쳤다.

눈은 벌써 빨갛게 충혈되었고

너무 가려워서 비볐더니 눈동자까지 부어올랐다.

빽빽한 정도를 넘어 터질 것만 같은 느낌.

이어 연신 터져 나오는 재채기와

휴지로 막지 않으면 감당할 수 없을 정도로 흘러내리는 콧물.

정신이 하나도 없었다.

너무 힘든 나머지 어떻게 집에 돌아와

침대에 누웠는지도 기억이 나지 않는다.

다음 날 아침, 침대 모서리에 앉아

지끈거리는 머리를 감싼 채 밀려오는 두통과 싸웠다.

몸 여기저기가 쑤시고 더 자고 싶었다.

하지만 '피곤함과 수면량에 상관없이 정한 시간에 일어나야 한다'는

지난날의 빡빡한 습관 때문에 더 잘 수가 없었다.

멍하니 천장을 보며 정신을 차리길 기다리던 그때,

내 몸 안에서 외쳐대는 소리가 있었다.

들리지는 않지만 힘 있는 외침,

어느덧 내 육신을 넘어서 내 영혼에 심겨진

말씀들이 선포되기 시작한 것이다.

'그럼에도 불구하고 나는 기쁘다!

만약 그렇지 않다면 나는 더욱 힘써 기뻐할 것이다!

예수가 나의 힘이요,

바로 주님만이 내 삶의 결론이시기 때문이다!'

여호와는 나의 힘이요 노래시며 나의 구원이시로다 그는 나의 하나님이시니 내가 그를 찬송할 것이요 내 아버지의 하나님이시니 내가 그를 높이리로다 _출 15:2

또 여호와를 기뻐하라 그가 네 마음의 소원을 네게 이루어 주시리로다 _시 37:4

그동안 죽기 살기로 치열하게 직면했던 말씀들이
내 심령 속에서 나를 흔들어 깨우기 시작했다.
나를 응원하는 그 소리에 힘입어 힘껏 성경책을 집어 들었다.
피곤한 상황이 나를 끌고 다니도록 내버려둘 수 없었다.
펼쳐지는 시편.
'어제 어디까지 읽었더라?'
시편 42편부터 색연필로 그어가며
말씀을 읽어 내려가기 시작했다.
이 말씀과 저 말씀이 얽히면서 만들어지는
'사람 낚는 그물', 바로 복음의 그물이
내 두 손에 쥐여질 수 있도록 간절히 기도하면서 말이다.

하지만 간절함과 달리,
성경을 펼쳤다고 해서 곧장 멍한 느낌이 사라지고

은혜로 충만해지는 것은 아니었다.
두통만 더 심해질 뿐이었다.
실용적인 생각, 합리적인 생각들이 밀려오기 시작했다.
'이런 몸 상태에서 읽는 것보다
정신이 맑아졌을 때 읽는 것이 더 낫지 않을까?'
이어 찾아온 최대의 유혹,
많은 사람들이 오늘날 중요하게 생각하는
'의미가 있느냐 없느냐'의 문제였다.
'이렇게 읽어 내려가는 게 무슨 의미가 있을까?'

하지만 난 곧장 그러한 생각들을 부숴버렸다.
부어 있는 얼굴, 충혈된 눈동자, 컨디션이 좋지 않은 몸뚱이,
교회 권사님들이 보면 분명 "아이고, 목사님 좀 쉬세요"라며
뜯어말릴 육신의 모양새다.
그러나 하나님 다음으로 내가 나를 가장 잘 안다.
지금 나의 문제는 육체적 피로의 문제 이전에
두 마음이 싸우고 있는 것이다.
'읽어야 한다'와 '읽기 싫다'의 싸움,
'직면해야 한다'와 '직면하기 싫다'의
영적 전쟁인 것이다.

그렇지만 '때를 얻든지 못 얻든지 항상'이란

말씀이 내 안에 선명히 새겨져 있다.

무엇보다 사도 바울의 두려움이 내게 있다.

'말만 있고 행동은 없어 공허한 자,

실체가 없는 자, 버림받은 자'로 남게 될 것 같은

그 두려움 말이다.

그렇기에 지금 여기서 내가 할 일은 단 하나,

바로 내 몸을 쳐서 복종시키는 일,

죽기 살기로 치열하게 말씀을 읽는 것뿐이다.

결국 그러한 순종으로 인해

그날 하루를 살아갈 수 있는 힘, 말씀을 받을 수 있었다.

바로 시편 49편 20절이었다.

존귀하나 깨닫지 못하는 사람은 멸망하는 짐승 같도다

거울 앞에 서서 부숭부숭하게 부은 얼굴과

충혈된 눈으로 넥타이를 매는 나에게

이 말씀은 이렇게 다가왔다.

'하나님이 창조하신 영표, 너는 존귀하다.

그러나 그 사실을 깨닫지 못하면

멸망하는 짐승이나 다를 바가 없다.'

아침 식사를 하는데 아들의 표정이 잔뜩 부어 있었다.
이야기를 들어보니 어제 일일 농촌 체험에서 어떤 누나가
장난으로 한 말에 마음이 상해 있었다.
나름대로 뱃구레가 있는 아들에게
"똥돼지"라는 말이 불쾌하게 들렸나보다.
씩씩거리며 말하는 아들을 보다가
오늘 아침에 받은 시편 49편 20절 말씀을
아들과 나눠야겠다는 생각이 들었다.
(직면했던 말씀을 사람들과 나눌 때마다 더욱 풍성하게 만드시는 하나님을 경험하게 된다. 오병이어처럼 말이다. 그렇기에 말씀이 실체가 된 사람들에게 있어서 나눔이란 예배와도 같다.)

오직 선을 행함과 서로 나누어 주기를 잊지 말라 하나님은 이같은 제사를 기뻐하시느니라 _히 13:16

"네가 그 놀림이 싫어서 반응하면 아이들은 더 놀린단다.
나중에는 정작 네가 그런 사람이 아닌데도
그런 사람이 된 것 같은 착각이 들기도 하지.
물론 기분이 나쁘고 화가 나는 거 아빠도 충분히 이해해.
분명 그렇게 말하는 아이들이 나쁜 거야.
하지만 아빠가 바라는 것은,

선빈이가 그 아이들의 말로
자신이 어떤 존재인지를 결정하는 것이 아니라
성경을 통해 하나님이 선빈이를 왜 만드셨고,
어떤 사람이라고 말씀하시는지를 알아가는 거야.
사람들은 남의 말 하는 것을 좋아하지.
설령 친구가 너를 놀리지 않았다고 치자.
하지만 곧 또 다른 친구가 그렇게 놀릴 수 있어.
엄마가 했던 말 중에,
'사람은 이해할 존재가 아니라 사랑할 존재'라는 것 기억하지?
아빠도 어렸을 때 너처럼 힘든 적이 있었어.
다른 사람들이 함부로 하는 말 때문에 말이야.
아니, 지금도 그럴 때가 있어.
그런데 오늘 아침 하나님께서 말씀을 통해
진짜 아빠의 모습에 대해 이야기해주셨단다.
'존귀한 자'라고 말이야.
하나님이 아빠를 존귀한 자라고 하셨기에
그 누가 뭐라 해도 아빠는 존귀한 자야.
주님이 쓰시겠다면 쓰임을 받는 것처럼 말이다.
예전에 우리가 함께 보았던 책,
《맨발천사 최춘선 할아버지》 기억하니?
할아버지는 "무서운 사람도 없고 부러운 사람도 없습니다"라고 말씀하셨지. 아빠도 이제는 그렇게 말할 수 있을 것 같아.
아빠는 네가 매일 아침 일찍 일어나 엄마아빠와 함께
말씀 읽기를 잘 해주어서 너무 고맙단다.
계속 간절한 마음으로 읽어나가렴.
빈이를 향해 '존귀한 자'라고 말씀하시는
하나님의 음성을 들을 수 있도록 말이야.
아빠도 함께 기도해줄게.
친구들이 놀려서 화가 많이 났겠지만
거기에 마음 빼앗기지 말고 매일 말씀 앞으로 나아가자!
죽기 살기로 치열하게 말이야.
시냇가에 사냥꾼이 있는 것을 알면서도
달려가는 목마른 사슴처럼 말이야."

하나님이여 사슴이 시냇물을 찾기에 갈급함 같이 내 영혼이 주를 찾기에 갈급하니이다 _시 42:1

아침에 주님이 나에게 주신 말씀이
상처 받은 아들의 마음을 치유하셨다.
그리고 어린 시절 내가 받았던 상처까지 날려버리셨다.
거기에 덤으로 우리 두 부자父子를 말씀 안에서
더욱 끈끈한 관계로 맺어주셨다.

"아들, 아빠를 따라 한번 외쳐보렴.

예수는 나의 힘이요! 나는 존귀한 자라!"

내가 여호와 보시기에 영화롭게 되었으며 나의 하나님은 나의 힘이 되셨도다 _사 49:5

아이라 말하지 마라 179일째

일본에서의 선교사역 마지막 날,
일행들과 함께 머물렀던 교회의 담임 목사님을 통해
하나님은 다시 한 번 나의 가면을 벗겨주셨다.
선포되어지기 전before과 선포되어진 후after 사이에
'완전히 다름'이란 선을 그은 말씀은
바로 예레미야 1장 4절부터 10절까지의 말씀이었다.

여호와의 말씀이 내게 임하니라 이르시되 내가 너를 모태에 짓기 전에 너를 알았고 네가 배에서 나오기 전에 너를 성별하였고 너를 여러 나라의 선지자로 세웠노라 하시기로 내가 이르되 슬프도소이다 주 여호와여 보소서 나는 아이라 말할 줄을 알지 못하나이다 하니 여호와께서 내게 이르시되 너는 아이라 말하지 말고 내가 너를 누구에게 보내든지 너는 가며 내가 네게 무엇을 명령하든지 너는 말할지니라 너는 그들 때문에 두려워하지 말라 내가 너와 함께 하여 너를 구원하리라 나 여호와의 말이니라 하시고 여호와께서 그의 손을 내밀어 내 입에 대시며 여호와께서 내게 이르시되 보라 내가 내 말을 네 입에 두었노라 보라 내가 오늘 너를 여러 나라와 여러 왕국 위에 세워 네가 그것들을 뽑고 파괴하며 파멸하고 넘어뜨리며

건설하고 심게 하였느니라 하시니라

예레미야서의 말씀은 정확했다.

특별히 6절과 7절의 말씀은

내 안에 똬리를 틀고 있던 겸손의 겉치레를

완전히 부수어버렸다.

입버릇처럼 말해왔던 "나는 못한다" 라는 말은

곧 자신감 없음이었고 자포자기였고 또한 고집이었다.

하지만 하나님은 나를 막다른 벽 앞에 세우시고

더 이상 나를 아이라 말하지 말라고 명령하셨다.

내가 이르되 슬프도소이다 주 여호와여 보소서 나는 아이라 말할 줄을 알지 못하나이다 하니 여호와께서 내게 이르시되 너는 아이라 말하지 말고 내가 너를 누구에게 보내든지 너는 가며 내가 네게 무엇을 명령하든지 너는 말할지니라

또한 하나님은 5절을 통해

'모태에 짓기 전에 나를 아셨다' 고 말씀하셨다.

'배에서 나오기 전에 나를 성별하셨고,

나를 여러 나라의 선지자로 이미 택했다' 고 말씀하셨다.

그런데 나는 성장하면서 '나는 못해',

'나는 아직도 어려' 라는 고집스러운 생각으로

한껏 웅크린 채 살아왔다.

허울 좋은 그 말로 나를 짓누르며 선한 모습인 양
'너는 아이라 아무것도 할 수 없어!'라고 소리치곤 했었다.
그럼에도 불구하고 내 마음속 깊은 곳에서는
그것을 부정하고 싶은 마음이 용암이 끓듯 꿈틀거리고 있었다.
누군가가 내 자존심을 건드리면 바로 받아쳐버리는
나의 죽지 않은 옛 자아의 모습들!
이런 상황에서 어찌 복음의 향기를 뿜어대는
꽃이 될 수 있단 말인가!

말씀을 더 자세히 보면, 하나님께서는
'예레미야, 너는 아이가 아니다'라고 말씀하시지 않으셨다.
'예레미야, 너는 아이다'라고도 말씀하시지 않으셨다.
오히려 하나님께서는 예레미야 1장 7절에서
'내가 너를 누구에게 보내든지 너는 가며
내가 네게 무엇을 명령하든지 너는 말할지니라'라고 말씀하셨다.
그러고 계속해서 8절 말씀을 통해
'너는 그들 때문에 두려워하지 말라.
내가 너와 함께 하여 너를 구원하리라.
나 여호와의 말이니라'라고 말씀하셨다.
하나님에게는 나의 모습이
'아이이건 아이가 아니건' 중요하지 않다.

단지 중요한 것은, 가라면 가고 하라면 하는
나의 '완전한 순종' 뿐이다.

사무엘이 이르되 여호와께서 번제와 다른 제사를 그의 목소리를 청종하는 것을 좋아하심 같이 좋아하시겠나이까 순종이 제사보다 낫고 듣는 것이 숫양의 기름보다 나으니 _삼상 15:22

그런데 나는 지난 세월 동안 6절의 예레미야처럼
'주님 나는 아이입니다.
나는 아이라서 아무것도 못합니다'라고 외치기만 했다.
내숭과 위선으로 가득한 겁쟁이의 삶을 살아온 것이다.
그러면서도 다른 한쪽에서는 여전히 내 힘으로
무엇인가를 해보려고 하는 모습이 반복해서 나타났다.
나는 예레미야서의 말씀을 들으면서
교회 바닥에 무릎을 꿇고,
닭똥 같은 눈물을 엄청나게 흘리며 회개했다.
겸손으로 위장한 나의 교만과
최선을 다했다는 '자기 열심'으로 안위해오던
나의 완전한 불순종에 대해서 말이다.
그리고 주님은 9절 말씀을 통해 다시 한 번

이 모든 말씀이 나에게 주시는 말씀임을 확증하셨다.
여호와께서 그의 손을 내밀어 내 입에 대시며 여호와께서 내게
이르시되 보라 내가 내 말을 네 입에 두었노라
'내 말을 네 입에 두었노라'는 이 말씀!
너무나도 정확하고 생생해서
마치 주님의 입김이 귓가에 닿는 것만 같았다.
'지난 시간 말씀을 죽기 살기로 치열하게 읽어 내려갔지?
내가 전부이기를 소망했던 나의 아들!
내가 내 말을 네 입에 두었노라.
그러니 너는 더 이상 아이라고 말하지 마라.
네가 아이이건 아이가 아니건 그것은 내게 중요치 않다.
다만 내가 너를 누구에게 보내든지 너는 가며
네게 무엇을 명령하든지 너는 말하라.
그들 때문에 두려워하지 마라.
내가 너와 함께 있겠다.'
내 안에 사는 이, 보혜사 성령님에 대해
다시 한 번 확증할 수 있는 시간이었다.

'어떤 모습이든 어떤 상황이든
너는 나의 완전한 소유다!'라고 명하신 주님.

감사와 찬송밖에 드릴 것이 없는 내게

하나님이 노래로 말씀하셨다.

'너는 그리스도의 향기라. 너를 통해 생명이 흘러가리.'

올 것이 왔다 200일째

지난 몇 주간 매우 바빴다.

갑작스럽게 터진 일들이 앞다퉈 밀려왔다.

가장으로서나 목사로서 처리해야 할 일들이 왜 그리 많은지….

급한 일들을 처리하느라 지난 몇 달간 꾸준히 해왔던

말씀 읽기가 흐트러져버렸다.

여전히 "죽기 살기로 치열하게!" 라고 말은 하는데

행동은 어느덧 뒤쳐졌다.

밀려드는 위기감.

그런 나에게 아내가 조용히 말을 건넸다.

"지난 몇 주간 갑작스러운 일로 인해 바쁠 수밖에 없었지요.

그러면서도 열심히 말씀 앞에 서려고 하는

당신 모습이 참 좋았어요.

그런데 한편으로는 요즘 당신이 전심이 아닌

'해야 한다'는 의무감으로

말씀을 보고 있지는 않은가 하는 생각이 들었어요.

그래서인지 예전의 당신 모습들이 종종 나타나기도 하고요."

이게 또 무슨 말인가!

하지만 곧 인정할 수밖에 없었다.

스스로도 내 모습에 간혹 실망하는데

누구보다 나를 잘 아는 아내가 어찌 눈치채지 못하겠는가?

전심으로 말씀 앞에 있기를 사모하지만

때로는 분주한 일상에 함몰되어

구호만 질러대는 것은 아닌가 싶은 때가 있다.

그러다보니 내게 다가오는 성도들의 이야기를 들어주거나

기도해줘야 할 때도 전심으로 하지 못하고

피곤해하고 부담스러워할 때도 적잖았다.

아버지의 마음을 품고 상황과 사람들을 대해야 하는데

30센티미터 자를 들고 맞고 틀리고만을 재는

'자 같은 사람'이 된 것 같아 괴로웠다.

어느새, 어느새 말이다!

한순간의 작은 분주함일 뿐인데,

사단은 어느새 그 분주함을 타고 내 옆에 서 있었다.

사단이란 존재는 내가 무엇을 좋아하고 무엇을 싫어하는지,

내가 무엇에 어깨가 으쓱하고

무엇에 어깨가 쳐지는지를 잘 알고 있다.

무엇보다 사단은 아주 달콤하고

때론 아주 예의 바르게 찾아온다.

그것을 모르는 것도 아니었는데….

이어 비수처럼 한마디 더 던지는 아내.

"당신은 말씀 읽기와 달리 기도는
죽기 살기로 치열하게 하지 않는 것 같아요."

순간 직감했다.

'드디어 올 것이 왔구나!'

말씀 읽기를 시작하면서 우리 가정은 새로운 원칙을 정했다.

이 원칙은 아무리 늦게 자도 지켜야 하는 것으로,

새벽 5시 55분이면 어김없이 걸려오는 세 통의 전화로 시작된다.

전화 받기에는 이른 아침,

때로는 너무 피곤해서 베개를 물며 억지로 일어나기도 한다.

전화를 건 사람 또한 거의 잠긴 목소리로 인사를 건넨다.

"할렐루야! 오늘은 ○○○ 나라를 위해 기도하실 차례입니다.
승리하십시오."

'기도24 · 365'의 '기도알람전화'이다.

기도24 · 365는 이사야 62장 6절과 7절의 말씀을 받아 시작된
전략적인 기도 운동으로,
매일 한 시간 기도할 수 있는 시간을 정한 후
처음 3개월간은 기도알람전화를 받고
다음 3개월간은 다른 사람에게 기도알람전화를 해서

여호와를 쉬지 못하도록 만드는 기도 네트워크를 말한다.

예루살렘이여 내가 너의 성벽 위에 파수꾼을 세우고 그들로 하여금 주야로 계속 잠잠하지 않게 하였느니라 너희 여호와로 기억하시게 하는 자들아 너희는 쉬지 말며 또 여호와께서 예루살렘을 세워 세상에서 찬송을 받게 하시기까지 그로 쉬지 못하시게 하라

패트릭 존스톤의 《세계기도정보Operation World》에 소개된
세계의 수많은 나라들의 기도제목들을 보면서
열방을 기도로 품으며 나아가는 것이 그 방법이다.

지난 6개월간 우리 가족은 모두
이 시간을 통해 함께 기도하며 열방으로 나아갔다.
그런데 이 기도 시간을 맞이하는 내 모습이
말씀을 읽을 때와는 달리 치열하지 않은 모습으로
아내에게 비추어졌던 것이다.
디모데전서 4장 5절을 인두로 지진 듯한
말씀 중 하나라고 강조하면서,
정작 죽기 살기로 치열하게 기도하지는 않은 나.

하나님의 말씀과 기도로 거룩하여짐이라

그때 또다시 무언無言의 음성이 들렸다.
7개월 전 말씀 읽기로 무언의 음성 앞에 나아갔던 것처럼

이번에도 완전한 순종으로 나아가야만 했다.
디모데전서 4장 5절의 말씀을 보면서
특히 '거룩하여짐'이란 단어에 눈길이 갔었는데
이 책 저 책 뒤져볼 필요 없이
그 말이 무엇을 뜻하는 것인지 알 수 있었다.
그것은 바로 신명기 10장 12절과 13절 말씀이었다.

이스라엘아 네 하나님 여호와께서 네게 요구하시는 것이 무엇이냐 곧 네 하나님 여호와를 경외하여 그의 모든 도를 행하고 그를 사랑하며 마음을 다하고 뜻을 다하여 네 하나님 여호와를 섬기고 내가 오늘 네 행복을 위하여 네게 명하는 여호와의 명령과 규례를 지킬 것이 아니냐

하나님께서는 이 말씀을 이루시기 위해
남김없이 자신을 내어놓으셨다.
자신의 유일한 아들, 예수 그리스도를
십자가에 못 박혀 죽게 만드신 것이다.
그리고 이 계명을 지키기 위해서는
오직 말씀과 기도 외에는 불가능하다고 말씀하신다.

사실 얼마 전에 이 말씀 앞에 직면했을 때
'조만간 하나님께서 나를 기도의 삶으로
치열하게 이끌어가시겠구나' 하는 생각을 했었다.
그리고 그 예감은 놀랍도록 빠르게 실제가 되었다.

말씀이 풍성히 거하면 207일째

치열한 기도의 자리로 부르심과 함께

나에게 강하게 임했던 두 구절의 말씀이 있다.

첫 번째는 잠언 4장 8절 말씀이다.

그를 높이라 그리하면 그가 너를 높이 들리라

만일 그를 품으면 그가 너를 영화롭게 하리라

이 말씀을 받으면서 나는 주님을 높이기 위해

주님을 품기 위해 더욱 전심으로 말씀을 읽었다.

그런데 주님을 높이고 품는 것을 말씀 읽기로만

제한시켜버리는 오류를 범했다.

'말씀과 기도'라는 분명한 아버지의 전략이 있었는데 말이다.

내 마음 가운데 임하시는 아버지의 마음.

'영표야, 이제는 말씀을 읽는 것과 함께

기도로 나를 높이고 나를 품어라.

받은 말씀이 네 삶의 결론이 되도록

죽기 살기로 치열하게 기도하여라.

네가 받은 말씀을 결론으로 삼고 내게 부르짖으라!

그리하면 내가 응답하겠고 내가 너를 더욱 높이 들리라.

내가 너를 더욱 영화롭게 하리라.

너를 통해 나를 영화롭게 하기 위해서 말이다.'

그렇게 나는 받은 말씀을

고스란히 기도로 올려 드려야 함을 깨달았다.

두 번째는 골로새서 3장 16절 말씀이다.

그리스도의 말씀이 너희 속에 풍성히 거하여

말씀을 읽다보면 놀라운 일들이 종종 일어나곤 한다.

그중 대표적인 것이 말씀이 살아서 움직이는 것이다.

간혹 글씨들이 바뀌어져 보이곤 하기 때문에

조심스러움과 분별함이 필요하다.

나는 그와 같은 일을 골로새서 3장 16절을 읽다가 경험했다.

분명 '그리스도의 말씀이 너희 속에 풍성히 거하여'라는 문장인데

'그리스도의 말씀이 너희 속에 풍성히 거하면'으로

보이는 것이었다.

'거하여'와 '거하면'은 분명 다르다.

하지만 약간의 차이가 있을 뿐

'거하여'가 '거하면'으로 바뀐다고 해서

성경의 뜻 자체가 훼손되거나 왜곡되어지는 것은 아니다.

그러한 이해 가운데 골로새서 말씀을 계속 읽어 내려갔다.

그런데 그 말씀에 내가 그토록 알고 싶어했던 것들이 나열되어 있었다.

'이런 놀라운 비밀이 여기에!'

마치 우리 인생의 모든 괴로움과 질고를

일순간에 날려버릴 수 있는 묘책들을 발견한 기분이었다.

골로새서 3장 16, 17절의 말씀을

눈에 보이는 대로 소리 내어 읽어보았다.

"그리스도의 말씀이 너희 속에 풍성히 *거하면*

모든 지혜로 피차 가르칠 수 있습니다.

그리스도의 말씀이 너희 속에 풍성히 *거하면*

시와 찬송과 신령한 노래를 부르며

감사하는 마음으로 하나님을 찬양할 수 있습니다.

그리스도의 말씀이 너희 속에 풍성히 *거하면*

무엇을 하든지 말에나 일에나 다 주 예수의 이름으로 하고

그를 힘입어 하나님께 감사할 수 있습니다."

이어 18절부터 24절까지도 읽어보았다.

"그리스도의 말씀이 너희 속에 풍성히 *거하면*

아내들은 남편에게 복종할 수 있습니다.

이는 주 안에서 마땅하다고 깨닫기 때문입니다.

그리스도의 말씀이 너희 속에 풍성히 *거하면*

남편들은 아내를 사랑하며 괴롭게 하지 않게 됩니다.

그리스도의 말씀이 너희 속에 풍성히 *거하면*
자녀들은 모든 일에 부모에게 순종하게 됩니다.
이는 주 안에서 기쁘게 하는 것이기 때문입니다.
그리스도의 말씀이 너희 속에 풍성히 *거하면*
아비들이 자녀를 낙심하게 하거나
노엽게 하지 않을 수 있습니다.
그리스도의 말씀이 너희 속에 풍성히 *거하면*
종들은 모든 일에 육신의 상전들에게 순종하되
사람을 기쁘게 하는 자와 같이 눈가림만 하지 않고
오직 주를 두려워하여 성실한 마음으로 하게 됩니다.
그리스도의 말씀이 너희 속에 풍성히 *거하면*
무슨 일을 하든지 마음을 다하여 주께 하듯 하고
사람에게 하듯 하지 않게 됩니다.
그리스도의 말씀이 너희 속에 풍성히 *거하면*
기업의 상을 주께 받을 줄 아나니
주 그리스도를 섬기게 됩니다."

매일 아침 순종함으로 가정예배를 드렸기에
'그리스도의 말씀이 풍성히 거하면'이란
놀라운 비밀의 열쇠를 쥐게 되었고
온 가족이 실제적인 변화를 경험하게 되었다.

그리고 더욱 말씀 읽기에 치열할 수 있었다.
우리 가정은 참으로 행복해졌다.
남편과 아내, 부모와 자식이지만
어느덧 형제자매로 연합하여 동거하게 되었다.
하나님께서는 우리가 더욱 영화로운 가정이
될 수 있도록 또 하나의 중요한 방법인
기도에 대해 알려주신 것이다.

살다보면 절망스러운 위기들이 온다.
하지만 그 어려움들이 끝나면 자기도 모르게
하나님 앞으로 치열하게 나아갔던 모습들을 잊어버린다.
그렇기에 나의 상황이나 환경과는 상관없이
성경 말씀을 읽고 받은 말씀이 결론이 되도록
끊임없이 기도해야 한다.

이러므로 너희는 장차 올 이 모든 일을 능히 피하고 인자 앞에
서도록 항상 기도하며 깨어 있으라 하시니라 _눅 21:36

그날 저녁 나는 쓸 만한 노트를 찾았다.
그러고는 내 주변에 있는 소중한 사람들을 만날 때마다
그의 이름을 적고 이렇게 말했다.

"기도제목을 주신다면 내일 아침 6시부터 7시까지
일주일간 죽기 살기로 기도하겠습니다.
단, 제게 주신 기도제목을 함께 붙잡고
일주일간 기도하셨으면 합니다.
갖게 해달라는 기도제목이겠지만,
붙게 해달라는 기도제목이겠지만,
우리가 직면한 말씀이 버림을 명하시고,
떨어짐을 명하신다면
그것이 기도제목의 결론이 되게 해달라고 기도합시다.
저는 그렇게 기도할 것입니다.
예전처럼 우리의 상황과 욕망이 결론이 되도록
기도하지 않을 것입니다.
받은 말씀이 결론이 되도록 기도하겠습니다.
그것이 바로 그리스도와 함께
십자가에 못 박혀 죽은 자의 기도입니다.
저부터 전심으로 기도하겠습니다.
그러니 저와 함께 일주일간 치열하게 한번 기도해보시지요!"

그리고 다음 날 아침 6시,
듣지도 보지도 못했던 미국령 버진 아일랜드가
가슴에 품고 기도해야 할 오늘의 열방이었다.

그 나라를 마음에 품고 하나님 앞에 나아갔다.
그리고 집사님들이 주셨던 기도제목을 붙잡고
온 마음을 다해 기도하기 시작했다.
미국령 버진 아일랜드를 몰랐던 것이
하나님께 너무 죄송했다.
그 땅의 족속들이 목말라하고 갈급해하는 반면
내 등은 따습고 내 배는 부른 것이 미안했다.
그리고 한 집사님을 위해 기도하니
그 분과 그 분의 가족들이 너무나도 존귀하게 다가왔다.
사역에 있어서는 과도한 열심으로 그 분들께 다가갔지만
그들의 영혼에는 얼마나 관심을 가졌던가!

나는 이제 한 손에는 말씀의 줄을
다른 한 손에는 기도의 줄을 잡았다.
말씀과 기도의 힘으로
더욱더 거룩한 삶을 향해 나아갈 것이다.
마음과 뜻을 다해 하나님을 높이고 품음으로써
주님이 주시는 영화로운 삶을 살아갈 것이다.

우리가 살아도 주를 위하여 살고 죽어도 주를 위하여 죽나니 그러므로 사나 죽으나 우리가 주의 것이로다 _롬 14:8

하나님을 영화롭게 하기 위하여

완전하신 주님의 기쁨이 될 수만 있다면

주를 위해 죽는 것 또한 나에게는 영화로운 삶이다.

너는 좌편이냐 우편이냐 210일째

일말의 희망이라도 잡고 싶어 시작한 간암 수술,
하지만 이내 의사들이 다시 배를 덮는다.
암이 이미 위와 장과 폐와 임파선에까지 번졌기 때문이다.
앞으로 10일 정도밖에 못 살 것이라는 의사의 판정.
한 영혼이 지나온 시간을 돌아보며 누워 있다.

오늘 아침 심방했던 곳,
한 형제의 아버님이 누워 계신 병동의 모습이다.
이제 10일 정도밖에 살 수 없다는 저 영혼에게
과연 나는 무슨 말씀을 전해야 하는가?
나는 간절히 기도했다.
'아버지, 제게 말씀을 주옵소서.
당신의 말씀은 사람의 가슴을 쪼개며
끊어지고 부서진 마음을 다시 이어놓으실 수 있지 않습니까?
하나님은 완전하신 우리의 주님이시지 않습니까!'
그러는 가운데 하나님께서 세 개의 십자가를 보여주셨다.
예수님과 두 강도의 모습.

해골이라 하는 곳에 이르러 거기서 예수를 십자가에 못 박고 두 행악자도 그렇게 하니 하나는 우편에, 하나는 좌편에 있더라

_눅 23:33

누가복음을 찾아 읽기 시작했다.
십자가라는 죽음의 현장 속에서
두 사람의 상반된 태도를 다시 묵상했다.
한 사람은 십자가 사형 틀에 매달리면서까지
예수 그리스도를 향해 비방과 빈정거림을 일삼으며
자신의 고통, 분노, 두려움
그리고 슬픔을 가리는 자였다.

달린 행악자 중 하나는 비방하여 이르되 네가 그리스도가 아니냐 너와 우리를 구원하라 하되 _눅 23:39

다른 한 사람은 죽음이란 생의 마지막 끝에서나마
자신의 존재를 인정하고 지난 모든 시간을 회개하며
긍휼을 베풀어달라고 애원했다.
예수님께서는 그러한 자들을 향해
마음이 가난한 자이며 복이 있는 자라고,
천국이 그들의 것이라고 말씀하셨다.

그는 자기와 같이 십자가에 매달려 죽어가는
예수님에게 간절히 구했다.
여기서 깊이 묵상되는 부분은 죽어가는 강도가
죽어가는 예수님에게 간청하고 있다는 사실이다.

이르되 예수여 당신의 나라에 임하실 때에 나를 기억하소서 하니 _눅 23:42

오늘 아침 누가복음의 말씀을 통해
나는 2,000년 전 골고다 언덕에 서 있게 되었다.
실제로 예수님과 두 강도가 손과 발에 못이 박히는 모습을 보았다.
타는 목마름 속에 차라리 죽여달라며
여기저기서 울부짖어대는 현장.
비아냥거리는 소리와 애통하는 소리가
한데 뒤섞여 들려오는 처형장 한가운데 내가 서 있었다.
주님께서 십자가에서 나를 바라보고 계셨다.
살날이 얼마 남지 않은 말기 암 환자에게
어떤 말씀을 전해야 할지 막막해서 펼쳤던 성경인데
오히려 아버지께서는 내 신앙의 정체를 묻기 시작하셨다.
단도직입적으로 내 신앙을 말해보라는 것이었다.
급하게 휘몰아치는 강풍처럼

주님은 생명의 주인으로서 말씀하시기 시작했다.

'병든 사람을 보면서 슬퍼하거나 두려워하지 마라.

병들지 않은 너!

하지만 나는 지금이라도 당장 네 목숨을 거두어갈 수 있다.

저기 누워 있는 병자에게 말하려고 애쓰지 말고

우선 너부터 나에게 말해보아라!

너는 좌편이냐 우편이냐?'

병상에 누워 계신 아버님께

아침에 받은 말씀을 전하려고 성경을 펼쳤다.

퀭한 눈으로 멀뚱멀뚱 쳐다보고만 계신

아버님이 애처로워 보였다.

죽음을 눈앞에 두고 계신 저 분에게

내가 받은 말씀을 전해야만 했다.

힘이 들었다.

'저 분과 그의 가족들에게 너무 잔인한 말씀일 텐데….'

'예수님 믿으면 무조건 치료될 수 있다'는 말씀을

임의로 찾아서 전하고 병원을 빠져나오고 싶었다.

하지만 그럴 수 없었다.

상황에 맞는 위로와 평안만을 전하려고

죽기 살기로 치열하게 말씀 앞에 섰던 것이 아니다.

그리고 적어도 내가 목사라면
한 영혼에게 남아 있는 마지막 기회를
예의와 주변 환경으로 때울 수는 없다.
나는 말기 암 환자인 아버님을 바라보면서
조용히 말씀드리기 시작했다.
"아버님, 우리 모두는 죄인입니다.
우리 모두는 누가복음 23장의 강도와도 같은 존재입니다.
아버님은 간암 말기이시기에
얼마 후면 돌아가실지도 모릅니다.
하지만 저희 모두 태어났으니 다 죽게 됩니다.
먼저 가고 나중 갈 뿐 우리 모두 다 똑같은 처지입니다.
하지만 분명히 다른 것이 있습니다.
그것은 철저히 각자의 선택에 달려 있습니다.
바로 지금 이 순간 아버님의 선택에 달려 있는 것이지요.
2,000년 전 주님은 아버님의 죄를 대신해서
십자가에서 죽으셨습니다.
그 주님께서 오늘 아버님의 대답을 기다리고 계십니다.
사랑하는 아들아!
너는 좌편에 달려 있는 자냐?
우편에 달려 있는 자냐?"
한동안 묵묵히 병원 천장만 바라보시던 형제의 아버님은

이내 조용히 웃으시며 진실하게 주님을 영접하셨다.

그리고 주님은 내 입술을 통해

누가복음 23장 43절의 말씀을 선포하게 하셨다.

내가 진실로 네게 이르노니 오늘 네가 나와 함께 낙원에 있으리라

나는 확실히 믿는다!

주님 편을 선택한 그는 진정 '낙원'에 있다.

그리고 오늘, 주님 편을 선택한 자는

어떤 곳 어떤 상황에 놓여 있다 할지라도

'그 어디나 하늘나라'에 있다.

나는 내일도 변함없이 주님을 선택할 것이다.

누구에게라도 "주님이면 충분하다"라고 이야기할 것이다.

그것이 내가 받은 결론이기에.

이스라엘, 이스라엘 228일째

크리스마스 선물을 받기 위해
교회 문턱을 밟았을 때부터 세어보니
어느덧 교회에 다닌 지도 31년째가 되었다.
하지만 부끄럽게도 성경에 수없이 기록되어 있는
이스라엘이란 나라와 민족에 대해
한 번도 고민하거나 기도해본 적이 없었다.
하나님이 선택하신 민족이고 나라인데 말이다.
곰곰이 생각해보니 성경에 수도 없이 언급되는 이방인은
나에게 있어서 '그들'이었지 한 번도 '우리'가 된 적이 없었다.
이렇게 우매하고 무식할 수가!
평생 소원이 성지순례라며 아껴가며 돈을 모아
그들의 성지 메카로 떠나는 모슬렘들을
나는 종교적 광기로만 평가했다.
이스라엘로 성지순례를 떠나는 사람들을 볼 때도
별 감흥이 일어나지 않았다.
그런데 전혀 예상치 못했던 사람과의 만남으로
이스라엘과 유대인이 내게 실제적으로 다가왔다.

그 분은 '하닷사(에스더의 히브리어)'라는 여성으로
12년 전에 이스라엘로 건너가
메시아닉주(Messianic Jews, 예수를 그리스도로 믿는 유대인)
남성과 결혼해서 이스라엘 국적으로 이스라엘에 살고 계신다.
한국에 잠깐 돌아왔을 때 내가 찬양인도하는 모습을 보시고는
함께 이스라엘로 가서 예루살렘 거리를 누비며
자유롭게 찬양하고 예수 그리스도를 선포하자고,
그래서 유대인들에게 자연스럽게 복음을 증거하자고 강권하셨다.
그렇게 나는 이스라엘을 위해 기도하기 시작했다.
그리고 얼마의 시간이 지난 후,
주님이 주신 확신 가운데 이스라엘에 가기로 결심했다.

먼저 어딜 가든지 온 가족이 한마음으로 가기로 했다.
아껴두었던 휴가일을 세어보니 다행히도
11일 정도가 남아 있었다.
교회 안팎으로 맡겨진 사역과 여러 스케줄은
책임감 있게 대처해놓으면 될 것 같았다.
아내와 아들은 오랜만에 가족끼리만 떠난다 하니
어느 선교여행을 가는 것보다 들떠 있었다.
이렇게 시간과 팀워크teamwork는 순조롭게 준비되었고
이제 남은 것은 돈이었다.

비행기 표를 알아보니 국제 유가가 천정부지로 오르면서
때 아니게 생긴 유류 할증료까지 내야 했다.
가장 싼 표도 한 사람당 140만 원 정도였다.
머무는 동안 자동차를 빌리고 숙식할 것까지 계산해보니
하늘에서 돈이 떨어지거나 후원자가 나타나지 않는 한
갈 수 있는 상황이 아니었다.
하지만 '가라' 하시는 말씀이 떨어졌다.
말씀이 실체가 될 수 있도록 직면하며 달려온 시간,
가는 것이 결론이었다.

예전처럼 고민하거나 계획하지 않고
먼저 무릎을 꿇고 간절히 기도했다.
'주님이 가라고 하시기에 갑니다.
그런데 돈이 없습니다. 가라고 하셨으니
갈 수 있는 돈도 주셔야 하지 않습니까?
돈을 보여주십시오!'
간절히 기도하고 있는데 보여지는 그것.
입술이 벌어지고 얼굴에 웃음이 가득 찼다.
'그래, 그것이 있었지!'
바로 컴퓨터를 켰다.
인터넷 뱅킹으로 통장 잔고를 확인했다.

'여기 있었구나.'

5년 전부터 한 달에 10만 원씩 부어왔던 적금 통장.

짠돌이는 아니지만 그래도 지난 시간 동안 알뜰살뜰하게

안 쓰고 안 먹어가며 부어왔던 적금이었다.

1, 2년 붓다보면 전세 자금으로

유용하게 쓸 수 있을 거란 생각에 모아왔던 돈,

망설이고 자시고 할 것 없이 깨기로 했다.

'바로 이번 여행을 위해 5년 전부터

한 달씩 꼬박꼬박 주님이 준비해오셨군요.'

아내의 반응도 백 퍼센트 오케이였다.

남편이 결정했기 때문이 아니라

하나님께서 기뻐하셨기 때문이었다.

완전한 평화였다.

(이후 하나님께서는 놀라운 방법으로

이스라엘 땅에서 10일 동안 머물 수 있는 집과

세 식구가 먹고살 수 있는 여분의 비용까지 마련해주셨다.

결국 우리는 비행기 표만 끊은 셈이었다.)

하나님께서는 출발 일이 다가올수록

이번 여행의 이유를 더욱더 극명하게 보여주셨다.

이스라엘로 떠나기 일주일 전 나는 새벽기도를 인도해야 했다.

그리고 하나님께서는 그 주간의 새벽기도를
새벽부흥회로 바꾸어주셨다.
새벽기도의 본문이었던 누가복음 3장과 4장 말씀을 통해
나는 광야와 요단강,
외치는 자의 소리와 세례(침례)의 의미,
사단의 시험과 이스라엘 땅을 향한 주님의 마음에 대해
깊이 묵상할 수 있었다.
나는 기쁨으로 선포했다.
'이번 여행을 통해 성경의 그곳, 그 현장을 밟고 경험함으로써
성경 말씀 전체가 내 안에 더욱 깊이 들어오게 될 것이다.
그것만으로도 족하다.
5년 동안 부은 적금이 전혀 아깝지 않다.
내게 실체가 되신 말씀에 더욱 직면할 수만 있다면
그것은 '대가지불'이 아닌 '거룩한 투자'이다.
하나님께서 가라는 곳에 가고,
먹으라는 것을 먹고, 자라는 곳에서 잘 것이다!'

예배하라 230일째

첫날 아침 온 가족이 예루살렘 성이 보이는
숙소의 창가에 앉아 말씀을 읽으며 주님께 여쭈었다.
'열흘 동안 우리가 무엇을 하오리까?'
주님이 말씀하셨다.
'예배하라!'
아브라함처럼 제단을 쌓으라는 것이었다.

여호와께서 아브람에게 나타나 이르시되 내가 이 땅을 네 자손에게 주리라 하신지라 자기에게 나타나신 여호와께 그가 그 곳에서 제단을 쌓고 _창 12:7

우리 가족은 모든 관광 계획을 포기했다.
'여기까지 와서 단 한 군데도 보지 못하고
돌아간다 할지라도 괜찮습니다.
예루살렘 도성을 바라보시며 눈물을 흘리셨던
예수님의 마음을 느끼고,
아버지께서 선택하신 이 백성들을 품고 기도하며

다시 오실 예수 그리스도를 찬양하고 선포하게 하소서!'
예루살렘을 향한 회복의 마음이 차오르기 시작했다.

우리는 한국에서 싸간 인스턴트 도시락을 챙겨
발바닥에 물집이 잡힐 정도로 걸어 다니며 예배했다.
우선 예루살렘 성의 여덟 개의 성문을 돌았다.
걷다보니 골고다 언덕이고, 마가의 다락방이고,
베드로의 통곡 교회였다.
겟세마네와 감람산은 바로 건너편에 보였다.
그 여덟 개의 성문 앞에서 우리는 찬양했다.
특별히 〈문들아 머리 들어라〉라는 찬양이 쉴 새 없이 흘러나왔다.
"문들아 머리 들어라 들릴지어다 영원한 문들아
영광의 왕 들어가시도록 영광의 왕 들어가신다
영광의 왕 뉘시뇨 강하고 능하신 주로다
전쟁에 능하신 주시라 다 찬양 위대하신 왕
왕께 만세 왕께 만세 당신은 영광의 왕이라
다 찬양 위대하신 왕!"

문들아 너희 머리를 들지어다 영원한 문들아 들릴지어다 영광의 왕이 들어가시리로다 영광의 왕이 누구시냐 강하고 능한 여호와시요 전쟁에 능한 여호와시로다 _시 24:7,8

모여든 이들 중에는 야유하는 아랍인들도 있었고,
서로의 안에 숨겨진 '메시아'를 확인하며
눈길을 교환하는 유대인도 있었고,
함께 손을 들고 찬양하는 관광객들도 있었다.
우리는 사람들을 의식하지 않고
그곳에 임하신 하나님만을 찬양했다.
주님이 기뻐하시는 것이 느껴졌다.

아들은 뿔 나팔을 불어댔고,
아내는 그동안 남편의 찬양인도에 신경 쓰여
누리지 못했던 완전한 해방감으로 찬양했다.
나는 주변 사람들이나 상황에 구애받지 않고
예배인도자가 아닌 온전한 개인으로서 찬양했다.
제대로 된 악기도 없었다.
우리와 함께 예루살렘 성을 돌며 찬양했던 유대인 부부는
피리를 불고 탬버린을 흔들면서 춤을 추었다.
대여섯 명이 원을 이루어 찬양하는 우리들의 모습에는
어떠한 재촉도 회유도 강요도 없었다.
종교적인 분위기도 없었다.
그저 하나님을 기뻐하는 몸짓과 소리뿐이었다.
우리는 걷다가 주님이 말씀하시면 어느 곳에서든지

지체 없이 발걸음을 멈추고 단을 쌓아 예배를 올려 드렸다.

서로를 향해서는 축복의 메시지를 전해주었다.

마주보는 서로의 얼굴에서 빛이 났고 자유함이 흘렀다.

광야와 사해, 베들레헴, 갈릴리 등을 방문할 때도

기타를 치고 춤을 추며 찬양했다.

이스라엘 여행 중에 우리는

성부, 성자, 성령의 하나 되심을 깊이 묵상했고,

우리 안에 그 하나 됨을 이루신 하나님의 영광을

바라볼 수 있는 은혜를 누렸다.

이스라엘 땅에서 한 몸으로 예배하게 하신 주님,

감사합니다!

앞으로 우리가 어떻게 이 일에 동참하고

나아갈지는 알 수 없다.

마음속에 품고 왔기에 계속해서 기도만 드릴 뿐.

주님이 분명 갈 바를 알려주실 것이다.

그때 움직이면 된다.

주님이 하신다!

나의 광야로 가다 245일째

이스라엘 여행을 준비하면서
특별히 가고 싶었던 장소가 있었다.
'광야'
예수님께서 성령에 이끌려 가셨던 곳,
40일 동안 아무것도 드시지 않고 굶주림의 시간을 보내셨던 곳,
마귀로부터 시험을 당하셨던 곳이다.
이스라엘에 도착한 후 이번 여행의 안내를 맡아준
준석 형제와 함께 예수님께서 거니셨다고 추정되는
광야 한복판으로 들어갔다.

이전까지 내게 광야는 성경에서 여러 번 접한 단어였을 뿐,
그 이상도 그 이하도 아니었다.
내 상황, 내 문제만으로 벅차 그냥 지나쳐버린 예수님의 자리,
그곳은 피상皮相에 가까웠다.
이런 막연함이 어찌 광야라는 단어에만 적용되었겠는가?
창조, 긍휼, 분노, 사랑, 겸손, 은혜, 오래 참으심, 애통, 눈물
궁극적으로 십자가에 이르기까지!

지난 시간을 돌아보니 새로운 지식을 주는 말씀이나
위로가 되는 말씀, 내 심정을 대변해주는 말씀 앞에서만
좋아하며 눈물까지 흘렸다.
하지만 거기까지!
예수님의 고난과 그 현장 속에 나는 없었다.
지금 내 눈앞에 펼쳐진 광야,
고통의 현장 앞에 서니 나의 죄가 또다시 보이기 시작했다.

이스라엘의 광야는 실로 대단했다.
내리쬐는 태양열에 피부는 쪼그라들 것만 같았고
그 빛은 밝다 못해 따가워서 눈을 뜰 수조차 없었다.
피할 나무 그늘이라도 있으면 좋으련만
사방에는 풀 한 포기도 없었다.
그런데 갑자기 주변이 시원해지면서
급속도로 어두워지기 시작했다.
'무슨 일일까?'
준석 형제가 소리쳤다.
"목사님, 하늘을 보세요!
저게 바로 성경에 나와 있는 그 구름기둥이에요."
우리 가족 머리 위로 드리워진 광경,
한국의 하늘에서는 볼 수 없었던

두텁고 거대한 구름이 광대하게 퍼져 있었다.
하나의 구름이라고는 믿겨지지 않을 만큼
엄청난 크기였다.
그 밑에서 수백만 명의 이스라엘 백성들이
약속의 땅을 향해 걸어갔던 것을 생각하니
지금까지 나를 이끌어오신 하나님의 손길이
실제로 보이기 시작했다.

이스라엘의 기후는 워낙 건조하고 뜨거워서
물을 많이 마셔야 한다.
숙소로 돌아와서 보니
피부에 하얀 소금 자국들이 남아 있었다.
이러한 건조함 속에서 예수님께서
40일을 굶주린 채로 지내셨다니,
그야말로 '생명을 담보로 한 금식'이
무엇인지 알게 되었다.
밤이 되면 순식간에 무서워지리라.
이곳저곳에서 야생동물들이 울어댈 것이고,
바람 소리 또한 기괴한 소리가 되어 들릴 것이다.
여기서 살아남을 수 있는 방법은 딱 두 가지!
도망치거나 아니면 성령으로 충만한 것.

이스라엘에서 돌아온 후에도 광야는
계속해서 나에게 다가왔다.
예수 그리스도의 광야, 세례 요한의 광야,
사도 바울의 광야 그리고 출애굽 당시의 광야.
하나님은 끊임없이 말씀하셨다.

'보내라, 광야로!
그들로 나를 예배하게 하기 위하여!'

내 백성을 보내라 그러면 그들이 광야에서 나를 섬길 것이니라 하였으나 이제까지 네가 듣지 아니하도다 _출 7:16

내 백성을 보내라 그들이 나를 섬길 것이니라 _출 8:1

내 백성을 보내라 그러면 그들이 나를 섬길 것이니라 _출 8:20

히브리 사람의 하나님 여호와께서 말씀하시기를 내 백성을 보내라 그들이 나를 섬길 것이니라 _출 9:1

히브리 사람의 하나님 여호와의 말씀에 내 백성을 보내라 그들이 나를 섬길 것이니라 _출 9:13

내 백성을 보내라 그들이 나를 섬길 것이라 _출 10:3

나는 내 주위를 둘러보았다.

창 너머 지척에 푸른 광교산이 우뚝 서 있고

앞에는 아름다운 나의 사역지, 지구촌 교회가 있다.

집 안에는 많은 책들과 음악 CD,

소파와 침대, 식탁과 컴퓨터 등이 있다.

냉장고도 일반 냉장고, 김치 냉장고로 두 개나 된다.

먹을 것도 충분하고, 한겨울에도 따뜻하다.

이렇듯 나는 너무 좋은 동네, 좋은 집에서 산다.

결코 광야일 수 없다.

내 마음은 어떠한가?

나는 광야를 알고 있는가?

어쩌면 나는 이스라엘 백성들처럼

주님이 가라 명령하신 약속의 땅, 가나안은 가기 싫어하고

잠시 쉴 수 있도록 배려해주신 엘림이란 곳에서만

머물기를 원하고 있는 것은 아닌가?

그들이 엘림에 이르니 거기에 물 샘 열둘과 종려나무 일흔 그루가 있는지라 거기서 그들이 그 물 곁에 장막을 치니라 _출 15:27

이전의 삶이 마라의 쓴 물과도 같은 삶이었기에
하나님께서 나를 잠시 엘림으로 보내신 것일 뿐,
여기가 종착지는 아니다.

마라에 이르렀더니 그 곳 물이 써서 마시지 못하겠으므로 그 이름을 마라라 하였더라 _출 15:23

'떠나라' 하시는 음성이 들리면
나는 지금의 이 풍요로운 엘림을 떠나야 한다.

이스라엘 자손의 온 회중이 엘림에서 떠나 _출 16:1

그동안의 척박하고 빈궁했던 10년간의 결혼생활이나
방황했던 청년기, 아픈 어머니를 보살폈던 소년기로
나의 광야를 끝냈다고 말할 수는 없다.
나의 현재에도 광야는 필요하다.
오로지 하나님만을 따라가기 위해서 말이다.

그렇게 나는 금식에 들어갔다.

기록된 바 254일째

금식을 시작한 지 9일째가 되었다.

처음 사나흘보다는 견딜 만하지만 여전히 배고프다.

하지만 내게는 원하기만 하면 언제든지 마실 수 있는 물이 있다.

누워서 쉴 수 있는 침대도 있다.

그러나 주님은 광야라는 척박한 곳에서

40일간이나 굶주린 채 지내셨다.

지금의 이 편안함이 주님께 죄송스럽기만 하다.

그동안 나는 말씀에 나와 있는 주님의 배고픔을

너무 쉽게 생각했었다.

떡과 명예와 권력으로 예수님을 공격했던

마귀의 시험을 별것 아닌 것처럼 여겼다.

성경에 짧은 한 줄로 기록되어 있기에,

내가 목마르지 않고 배고프지 않기에,

주님의 그 고통을 대수롭지 않게 넘겼다.

이것이 내 신앙의 진짜 모습이었다.

그러니 눈이 있다고 어찌 주님을 볼 수 있겠는가!

귀가 있다고 그 음성을 어찌 들을 수 있겠는가!

입이 있어도 복음을 말하지 못할 것이다.
손이 있어도 행하지 못할 것이다.
두 발이 있어도 명하신 땅으로 가지 못할 것이다.
지금 이렇게 사는 것 자체가 기적임을 감사치 못할 것이다.

이스라엘을 여행하면서
특히 누가복음 4장을 곱씹으며 묵상했다.
그리고 마귀에게 예수님이 일관되게 말씀하셨던
단어 하나를 새롭게 발견했다.
'기록된 바'
예수님은 극한 상황 속에서도 바로바로
말씀으로 대적하실 수 있을 정도로
완벽하게 말씀을 꿰뚫고 계셨다.
그렇지 않고서야 어찌 마귀의 시험 가운데
구체적인 말씀으로 나아갈 수 있단 말인가!
주님은 말씀 그 자체이시기에
"내가 명하노니 마귀야 썩 물러가라!"라고 말씀하시면
마귀가 바로 사라져버렸을 것이다.
이리저리 끌려다니면서
세 번씩이나 시험을 당하지 않으셔도 됐을 것이다.
하지만 주님은 자신의 지식이나 경험을 사용하지 않으셨다.

오히려 하나님이 약속하신 언약들을 이루어드리기 위해
자신을 마귀에게 남김없이 내어놓으셨다.

그리고 '기록된 바', 오직 말씀만으로
광야의 시험을 통과하셨다.

너를 낮추시며 너를 주리게 하시며 또 너도 알지 못하며 네 조상들도 알지 못하던 만나를 네게 먹이신 것은 사람이 떡으로만 사는 것이 아니요 여호와의 입에서 나오는 모든 말씀으로 사는 줄을 네가 알게 하려 하심이니라 _신 8:3

이제는 나 또한 죽기 살기로 치열하게
말씀을 읽지 않으면 살아갈 수가 없다.
마귀조차 말씀으로 시험하지 않았던가.
말씀이 아닌 내 통밥만 믿고 살아간다면
금방 마귀에게 잡아먹히고 말 것이다.

기록되었으되 하나님이 너를 위하여 그 사자들을 명하사 너를 지키게 하시리라 하였고 _눅 4:10

말씀, 믿는 사람들에게 얼마나 분명한 명분인가!
말씀 앞에 직면한 자에게는 분별력이 필요하다.

하나님이 보시고 자기 자신도 볼 수 있는
마음의 중심을 지켜야 한다.

이번 금식을 시작하면서 아내에게 이야기했다.
언제까지일지는 모르지만
배고픔 가운데 하나님을 묵상하고 싶다고,
지난 몇 개월의 시간 동안
어떤 힘으로 살아왔는지 확인하고 싶다고,
사람들에게 주님이 결론이라고 말해왔는데
내 감정으로 말한 것이 아닌
내 안에 사시는 분이 말씀하신 것인지 확인하고 싶다고,
그러니 이번 금식을 위해 기도해달라고 요청했다.
아내가 말했다.
"요즘 《십자가와 나》라는 책을 읽고 있어요.
책에 이런 내용이 있더군요.
'이스라엘 백성들을 구원하기 위해 모세가 추켜세운 지팡이,
그런데 왜 하필 백합화나 장미 같은 아름다운 것이 아니라
뱀이 매달려 있었을까?'
이 질문에 대한 답을 당신이 금식을 시작하기 전에
보면 좋을 것 같아요."
그러고는 밑줄 치며 읽었던 부분을 펼쳐 보여주었다.

나의 저주받을 혐오스러운 '자아 생명'이 그리스도와 함께 십자가에 못 박혔으므로, 또한 하나님의 심판으로 그의 안에서 죽었으므로, '뱀' 이상으로 적당한 상징이 있을 수 있을까? 참으로 인간 안에는 죽음의 독소로 찌르고 그 존재의 구원에 독을 뿌리는 뱀이 있는 것이다. 그것은 사람을 하나님과 멀리 떨어진 깊은 흑암 속으로 던져 넣는다. 수치스러운 것이 제거되고 새로운 것이 주입되기 전에는 인간의 운명은 가장 보잘것없는 것이다. 다른 저주가 필요 없고 다른 선고가 필요 없다. 다른 죄목을 열거할 필요가 없다. 바로 그 '자아'의 본질, 일단 우리의 자아가 실제로 작용하는 것을 어렴풋이나마 알게 되면 또한 그것의 진정한 본질을 알게 되면 그것을 따라서 고통이 온다는 것을 인식하게 된다. 그것은 법칙, 냉혹한 법이다.

_《십자가와 나》, F.J. 휘걸, 생명의말씀사

"이 책의 저자가 말한 것처럼,
저는 당신이 금식을 하면서
당신의 구원에 독을 뿌리는 뱀의 존재를 보길 바라요.
그 뱀을 십자가에 완전히 못 박는 시간이 될 수 있도록
저 또한 기도할게요."
배가 고프면 짜증부터 내는 나 같은 사람에게는
굶주림을 통해 내 속에 숨어 있던
뱀의 존재가 밝히 드러날 것이다.

그리고 그 뱀들이 보일 때마다

예수님처럼 말씀으로 맞서야 한다.

아내와의 나눔으로 인해 이번 금식의 이유가 더욱 뚜렷해졌다.

십자가에 내 자아를 못 박기 위한 금식이다.

배고픔, 모든 욕망의 다른 이름 265일째

금식을 마치면서 지난 시간들을 되돌아본다.
금식 기간 중 나를 힘들게 했던 것은 무엇일까?
이면지 위에 하나씩 적어 내려가본다.
쉽게 써지는 한 단어,
'배.고.픔.'

금식을 하자마자 음식들이 내 주변으로 몰려들었다.
먼저 장모님께서 두 손으로 다 들 수 없을 만큼 엄청난 양의
김치와 수많은 밑반찬들을 보내오셨다.
사랑하는 사위를 생각하며 담그셨다는 장모님표 파김치!
배부를 때조차 다시 숟가락을 부여잡도록 만드는
아주 강력한 음식이다.
하지만 당시 금식 3일째였던 나에게는 고문 그 자체였다.
거기에다가 간장에 절이기도 하고
온갖 양념을 버무려 만들기도 한 다양한 깻잎절임과
빨갛게 버무린 오징어무침 등,
보기만 해도 군침이 도는 밑반찬들이 가득했다.

하지만 이것으로 끝나지 않았다.

바로 그 주간 목요일부터 토요일까지

사역자 수련회가 있었는데,

그 시간은 그야말로 가장 맛있는 음식과 간식이

수없이 제공되는 기간이다.

게다가 오랜만에 전체 사역자 회식이 열렸다.

나는 금식하는 것을 알리고 싶지 않아서

사람들을 피해 이리저리 숨어 다녔다.

내 속을 모르는 사람들은

식사 후에 로비나 회의장에서 마주치면

다들 부른 배를 쓰다듬으면서 인사를 건넸다.

"식사 맛있게 하셨어요?"

인사와 함께 전해지는 음식 냄새.

할 말도 없고 거짓말도 할 수 없어 머쓱하기만 했다.

식사 후에는 푸짐한 후식에다 야참까지 제공되었다.

마음 놓고 먹을 때는 몰랐는데

안 먹으니 제대로 된 시험거리들이었다.

나는 회의 후 야참을 먹으며 교제하자고 하는 사역자들을 뿌리치고

피곤하다며 숙소로 얼른 돌아와버렸다.

먹을 것으로부터의 탈출이기도 했지만

자지 않으면 힘을 충전할 수 없기 때문이기도 했다.

잠만이 내가 유일하게 먹을 수 있는 밥이었다.
그렇게 3일을 보낸 후 집으로 갈 시간이 되었지만
나는 집으로 돌아갈 수가 없었다.
사역자 수련회가 끝나는 토요일이
내가 담당하고 있는 부서의 가을 소풍이기 때문이었다.
부서원 중 한 분이 사역자 수련회 장소로 와서 나를 데리고 바로
저녁 만찬이 준비되어 있는 곳으로 가겠다고 했다.
오시지 말라고 할 수도 없고,
무엇보다 담당 사역자로서 더 크게 웃고 즐거워하며
성도들과 함께 시간을 보내는 것이 도리라 생각되어
순순히 따라나섰다.
60여 명의 일행이 도착한 곳은
이동갈비로 유명하다는 포천의 한 음식점이었다.
그런데 갑자기 어떤 분이 아직 때가 이르다며
족구를 하자는 것이 아닌가!
나는 하기도 전에 다리가 덜덜 떨렸다.
하지만 어찌 안 할 수 있으랴!
예수님께서 금식할 때는 오히려 더욱 기름을 바르고
얼굴을 씻으라고까지 말씀하셨는데 말이다.
내리 세 판, 족구를 마치고나니 입안이 타들어가듯 말라갔다.
사람들은 허기진 배를 채우러 식당으로 우르르 들어갔지만

나는 갈 수가 없었다.

조용히 회계 집사님을 불러 말씀드렸다.

"제가 지금 금식 중입니다.

신경 쓰지 마시고 맛있게 식사하십시오. 죄송합니다."

어두워지는 가을 도로변을 두 시간가량 서성거렸다.

처음에는 모처럼 가을바람을 쐬는 것 같아 기분이 좋았다.

괜찮은 풍경이 보이면 사진도 찍었다.

하지만 이내 찾아온 지루함.

이럴 때 성경이라도 있으면 좋으련만….

미리 챙겨두지 못한 것이 후회가 되었다.

이런저런 아쉬운 마음을 가지고 시골 도로변을 계속 걸었다.

그러다 문득 배고픔의 실체를 발견했다.

'외.로.움.'

이번 금식을 통해 나는

사람이라는 존재는 자고 있는 시간을 제외하고는

끊임없이 맹렬하게 먹는다는 사실을 발견했다.

사람을 만날 때도 커피나 녹차 등의 음료수를 사이에 두고 만나고,

입이 텁텁하다며 껌을 씹고,

피곤하다며 사과 20개 분량의 비타민 C 함유 음료를 들이켜고,

배불러서 더 이상 먹을 수 없다면서도
후식이 나오면 거친 숨을 몰아쉬면서
다시 포크를 잡는 존재.
그것이 인간의 실상, 곧 나의 모습이었다.
그랬던 내가 금식으로 인해 무리들로부터 혼자만 격리되어
따로 놀고 있으려니 외로웠다.
익숙했던 습관으로부터 차단되니 외로웠다.
40일 동안 아무것도 드시지 않은 채 광야에서 지내셨던 예수님,
주님이 느끼셨을 그 외로움이 절로 묵상이 됐다.
'주리신지라'는 단어는 단지 배고픔만이 아니라,
예수님이 경험하셨던 극한 외로움을 나타낸 것은 아닐까.

이 모든 날에 아무것도 잡수시지 아니하시니 날수가 다하매 주리신지라 _눅 4:2

내가 금식으로 식사를 거른 것이 마음에 걸리셨는지
집사님들께서 집으로 가려는 내게 하얀 비닐봉지 하나를 건네셨다.
'이동갈비 포장 세트'
내일이면 다시 식사를 할 수 있겠다고 생각하셨는지
끝까지 섬김의 모습을 잊지 않으신 집사님들.
하지만 그것은 나를 괴롭히는 물건이 되었다.

하얀 봉지를 볼 때마다
버스 안을 가득 메운 갈비 냄새가 생각났다.
사람들의 대화도 기억이 났다.
"아이고, 배가 터지도록 먹었네."
"연하고 입에서 살살 녹네."
집에 오니 이제는 금식하는 남편, 아빠로 인해
맛있는 것이 눈앞에 있어도 먹을 수 없는
아내와 아들이 눈에 들어왔다.
반강제적인 나의 권유로 프라이팬에 이동갈비가 올려졌다.
아들 녀석이 입가를 갈비 양념으로 도배하듯 먹어대며 하는 말,
"아빠! 여기 남겨두었어요.
냉장고에 넣어둘 테니 나중에 드세요."

금식을 마치고 보호식을 하고 있던 어느 날,
아들 녀석이 넌지시 내게 말을 건넸다.
"아빠 안 드세요?"
"뭘?"
"남겨놓은 이동갈비요!"
"왜? 먹고 싶어?"
아무 대답이 없는 아들, 얼굴을 보니 먹고 싶은가보다.
냉동실에서 갈비를 꺼내어 요리해주었다.

잠깐이었지만 나를 괴롭혔던 이동갈비.
도대체 얼마나 맛있기에 나를 괴롭혔나 싶어
아내 몰래 새끼손가락으로 살짝 찍어 맛을 보았다.
찾아드는 실망감.
포천에서 제일 맛있다는 집의 갈비 맛에 실망한 게 아니라
고작 이 정도의 맛 때문에 머리에서 이동갈비가 왔다 갔다 했나
하는 마음이 들었기 때문이다.
먹고 싶다는 마음이 곧 배를 채우고 싶다는,
맛보고 싶다는 욕망이었음을 여지없이 증거한 사건이었다.

농부가 나쁜 직업이냐 271일째

요즘 선빈이는 날마다 하얀 종이에 그림을 그린다.
자칭 우리가 살게 될 시골집의 설계도이다.
그 속에는 병아리집, 개집, 텃밭, 다락방, 실험실에
있지도 않은 동생의 방까지 들어가 있다.
(아이의 오랜 소원이다보니 그림 속에서는 현실이 되어버렸다.)
신나게 그리고 있는 아들에게 물었다.
"너는 산이 가까운 시골이 좋니?
아니면 바다가 가까운 시골이 좋니?"
"산도 바다도 가까운 시골이요!"
단순 명료하게 대답하는 아들.
다음 날 아침, 이번에는 아들이 아내에게 묻는다.
"엄마는 산이 가까운 시골에서 살고 싶어요?
아니면 바다가 가까운 시골에서 살고 싶어요?"
"왜?"
"어제 아빠가 시골에서 살게 되면
어떤 곳에서 살고 싶냐고 물으셨어요."
"그래서 뭐라고 말했어?"

"산도 바다도 다 가까운 곳에서 살고 싶다고요."

"그래, 엄마도 마찬가지야."

다시금 기쁨의 함성을 지르는 아들.

그리곤 새로운 질문을 하기 시작한다.

"아빠! 우리 시골에 가면 닭 키워요."

"그래."

"지난번 횡성 장터에서 만난 아주머니처럼

우리도 새끼줄에 묶어서 내다 팔아요.

염소도 기르고 배추랑 파도 키우고

가능하면 과일나무는 종류대로 다 심었으면 좋겠어요.

그것들을 팔아서 번 돈으로 필요한 것들을 사고,

정말 할 수 있다면 쌀도 키웠으면 좋겠어요.

먹고 나누어도 주고 팔기도 하고요.

그러면 다른 일 하지 않아도 먹고살 수 있잖아요."

가만히 아들의 말을 들어보니

아예 농사를 짓자는 이야기다.

내가 시골로 가려는 이유는 자연에서 조용히 살고 싶고

우연히 방문하는 사람들이 있으면

따뜻한 차라도 한 잔 대접하면서

자연스럽게 하나님을 전하고 싶기 때문이었다.

결코 농사일에 매이거나 농부가 되기 위해서
귀농歸農하려고 했던 것은 아니었다.
그래서 아들에게 넌지시 물어보았다.
"너는 농부가 되고 싶니?"
"예!"
마치 무를 싹둑 자르듯이 단호한 대답이다.

아들은 기억력이 좋아서
한 번 책을 읽으면 책 속 인물들의 이름과
구체적인 사건을 오랫동안 기억한다.
게다가 조리 있게 말하는 능력까지 있어
일곱 살 때 그의 꿈은 국제 변호사였다.
언젠가는 인권 변호사에 대한 기사를 우연히 읽고
엄마를 졸라 서초동 법원까지 가려고 했던 아이였다.
나이를 먹으면서는 목사나 선교사가 되고 싶다고 했다.
단지 아빠처럼 되고 싶다는 이유로.
잘 모르고 하는 소리였겠지만 대견스러워서 마음껏 축복해주었다.
특별히 짐 엘리엇 선교사님의 이야기를 담은 영화
〈엔드 오브 스피어End of the Spear〉를 함께 보면서
주님을 전하는 것에 대해 아들과 대화를 나눈 적이 있다.
"아빠, 하나님을 전하는 것은 좋은데 꼭 저렇게 죽어야만 하나요?"

울상 짓는 아이를 앞에 두고 선교에 대하여,

어차피 죽어가는 인간의 삶에 대하여,

하나님의 영광에 대하여 이런저런 이야기를 나누었다.

남편과 아버지를 죽인 원주민들에게 복음을 전하기 위해

다시 정글로 들어가는 사모님과 아들처럼

우리도 그렇게 복음을 전하게 해달라고 기도를 드렸다.

그런데 이제는 시골에 가서 닭을 키우고 계란을 팔겠다며

상상의 날개를 펼치는 아들.

경운기는 자신이 몰겠다며 벌써 머릿속에서

시골길을 누비고 다니는 아들놈을 나는 멀뚱히 바라보았다.

농부가 되고 싶다는 아들의 말에

나는 내 속에 숨어 있던 묘한 편견을 발견했다.

목사나 선교사가 되겠다는 말을 들었을 때와 달리

그 일이 의미 없는 일처럼 느껴진 것이다.

그때 내게 한마디 툭 던지시는 아버지!

'농부가 나쁜 직업이냐?'

아버지의 질문은 매번 내게 간단한 답만을 요구하신다.

이번에도 '예'와 '아니오' 둘 중 한 가지만 선택해야 한다.

질문을 회피하기 위해 두 손으로 귓구멍을 틀어막았다.

하지만 오히려 더 크게 들려왔다.

'말해봐라! 농부가 나쁜 직업이냐?'

'아이고 주님, 그만 물으세요.'

'아니, 분명히 대답해라. 농부가 나쁜 직업이냐!'

'아닙니다. 농부가 왜 나쁜 직업이겠습니까? 분명 아닙니다!'

'그런데 너는 왜 네 아들이 농사를 지으며 살겠다고 하니까
마음이 착잡해지는 것이냐?
목사로 가난하게 사는 것은 괜찮고,
선교사로 살다가 혹여나 죽는 것은 괜찮은데
농부로서 사는 것은 싫으냐?
네가 보기에는 의미 없는 인생처럼 보이느냐?
그게 너의 가치관이란 말이냐? 그것이 진짜 너냐?
만약 그렇다면 네가 마이크에 대고 말했던
가난한 삶이란 무엇이냐?
네 아들에게 손 얹고 기도했던 선교사의 삶은
도대체 어떻게 사는 것이냐?
그 본뜻을 지금 당장 내게 말해보거라.
가난이 네게는 명예냐?
오해하지 마라! 내게는 실제이다.
순교가 네게 있어서 자랑이냐?
그것은 나에게 있어서는 실제이다!

사람들이 알아주기에 내가 알아주는 것이 아니다!
오히려 사람들이 못 보는 것을 나는 본다!
마지막 날에 그 실체를 너희 각 사람들에게 보여줄 것이다.
진짜 나의 영광을 보게 될 것이다.
나의 슬픔을 알게 될 것이다.
하지만 나는 네가 그것을 지금 보면서 살아가길 원한다.
내가 무엇을 기뻐하는지 내가 무엇을 슬퍼하는지 말이다.
그것이 네게 복이기 때문이다.'

또다시 주님 앞에서 고개를 숙일 수밖에 없었다.
죄송스러웠다.
보호식 중에 있는 나에게
사단이 다른 모습으로 찾아온 줄도 모르고….
이제 '명예욕'이란 이름으로 나를 시험하고 있는 사단에게
예수님처럼 말씀으로만 맞서야 한다.
뛰어난 언변, 분명한 이치의 말이 아니라 오직 말씀으로 말이다.
생각나는 말씀.
마태복음을 뒤적거리기 시작했다.
'그래, 여기 있구나. 바로 이 말씀!'
소리 내어 읽기 시작했다.

"그런즉 너희는 먼저 그의 나라와 그의 의를 구하라
그리하면 이 모든 것을 너희에게 더하시리라."

이 마태복음 6장 33절 말씀 앞에 다시 섰을 때
우리를 향하신 아버지의 마음을 느낄 수 있었다.
'어떤 위치에서 일하느냐?', '어디에서 일하느냐?'는 질문은
세상의 관심사이지 아버지의 관심사가 아니다.
'얼마나 좋은 대우를 받느냐?' 또한
세상의 관심사이지 아버지의 관심사가 아니다.
아버지가 보시는 것은 보내신 그 자리에서
내가 동역자로 살고 있는지 아닌지의 여부이다.
바로 순종과 감사를 가장 기뻐하시는 것이다.

암탉이 자기 새끼를 보호하듯이
주의 백성들을 말씀으로 친히 보호하시는 하나님께서
제자라고 여기시는 이들에게 질문하신다.
'네가 구하는 것은 무엇이냐?'
당당하고 명확한 대답을 주님은 기다리신다.
'바로 아버지의 나라와 의입니다.'

하나밖에 없는 아들이 농부가 된다면
농부로서 아버지의 나라와 의를 구할 수 있도록
그를 훈련시켜야 한다.
그것이 육신의 아버지란 자리를 부여받은
나의 책임이자 몫이다.

연합의 기쁨 275일째

내가 말씀 앞에 직면하면서부터
하나님께서는 울퉁불퉁한 나를 만지시기 시작하셨다.
남편이자 아버지인 나.
우리 가정의 제사장이 바로 나였기에
내가 변하지 않는 한 아내와 아들,
우리 가족은 하나 된 마음으로 뭉쳐질 수가 없었다.
말씀 앞에서 드러난 나의 실상,
그것은 돌 같은 마음이었다.

주님은 우선 돌 같은 내 마음을
위로해주시며 어루만져주셨다.
지나온 시간들을 기억나게 하셔서
혼자 버려졌다며 오해하고 살아왔던 나에게
그렇지 않다고, 계속 함께 있었다고 말씀해주셨다.
그 어루만져주심에 감격했기에 나는 말씀을 계속 읽었다.
그러던 어느 날,
하나님께서는 정과 망치로

돌 같은 내 마음을 깨뜨리기 시작하셨다.
깨뜨리지 않고는 내 속에 있는 그 무엇인가를
확인시켜줄 수 없다고 생각하신 것 같았다.
그리고 마침내 그리스도의 십자가 앞에 다시 섰을 때
내 자아는 완전히 깨어지고 부서졌다.
비로소 하나님과 나와의 연합이 이루어진 것이다.
그 후 하나님께서는 11박 12일의 이스라엘 여행에서
나와 아내 그리고 아들을 연합시켜주셨다.
그리고 가족의 연합은 그 여행에서 멈추지 않았다.

내가 그들에게 한 마음을 주고 그 속에 새 영을 주며 그 몸에서 돌 같은 마음을 제거하고 살처럼 부드러운 마음을 주어 내 율례를 따르며 내 규례를 지켜 행하게 하리니 그들은 내 백성이 되고 나는 그들의 하나님이 되리라 _겔 11:19,20

우리는 주님이 우리를 영화롭게 하셨기에
우리도 주님을 영화롭게 해야 한다는 마음으로
계속 아침 기도 모임을 붙잡고 나아갔다.
매일 아침 걸려오는 전화에 잠에 취한 목소리로
"할렐루야! 오늘도 승리하세요!"를 외치는
아들의 목소리가 우리 집의 아침을 흔들어 깨운다.

며칠 전의 일이었다.
더 자고 싶다는 생각이 굴뚝같아지면서
자꾸 이불 속으로 들어가려고 했다.
'날이 갑자기 추워져서 그런지 컨디션이 안 좋은데
조금 더 쉬었다가 아침밥 먹고 할까?'
보기 좋은 핑계거리를 찾고 있는 나,
하지만 이내 '이러면 안 된다'는 생각이 들었다.
그리고 무작정 아들의 이름을 소리쳐 불렀다.
사사기 8장 4절 말씀이 내 속에서 솟아난 것이다.
비록 피곤하나 추격하며
그런데 아들 녀석도 아비를 닮았는지
덩달아 일어나기 싫단다.
"5분만 더요! 제발 부탁이에요.
오늘만 조금 더 자고 이따가 하면 안 돼요?
오늘 아침밥 안 먹어도 돼요."
"안 돼!"
짧고 굵은 나의 대답.
겉으로는 아들에게 한 말이었지만 실은 내게 말한 것이었다.

시편을 펼쳐 다섯 절씩 나누어 읽어 내려갔다.
서서히 마음이 뜨거워졌다.

글자들이 살아나기 시작했고
아들의 말씀 읽는 소리도 점차 또렷해졌다.
아들은 성경책에 색연필로 줄을 긋고
여백에 무어라 쓰기 시작했다.
'역시 우리 하나님!'

그런데 그날따라 말씀이 버거웠다.
죄의 문제를 다루는 구절이었기 때문이다.
예수님을 믿은 지 몇 십 년이나 지난 나도
다루고 싶지 않은 문제인데
이른 아침부터 열 살 난 아이가 죄에 대해 묵상하다니,
도대체 무슨 생각을 하고 있을까?
과연 저 조그마한 입에서 어떤 말이 튀어나올까?
혹시 이런 말로 또다시 나를 놀래키진 않을까?
"아빠! 나는 몰라도 하나님께서는
아빠가 지은 모든 죄를 다 알고 계신대요!
제게 하나님이 말씀하셨어요.
제 앞에서 아빠가 지은 모든 죄를 낱낱이 다 말하라고요!"
아들과 이야기를 나눌 것을 생각하니 가슴이 떨렸다.
아들이 물었다.
"죄 짓기 싫은데 왜 자꾸 죄를 짓는 걸까요?"

나는 아들에게 그리고 나 자신에게 말했다.

"죄는 아이스크림처럼 달콤하고 부드럽지.
그래서 죄라는 것을 알면서도 끊지를 못해.
그러니 죄가 다가오면 무조건 무릎 꿇고 기도해야 해.
그 기도가 반복적이고 습관적이 될 수 있다고 해도 말이야.
그럴수록 더욱더 기도하렴."

"저는 사실 잘못을 저지르면 엄마가 알까봐 무서워요.
그래서 순간 '말하지 말까?' 하고 숨기고 싶은 마음도 들어요.
하나님한테도 잘못을 고백하고 싶지 않을 때가 있어요.
하나님이 무섭거든요!"

"우리 모두는 죄를 지을 수밖에 없는 연약한 존재란다.
그렇기 때문에 우리는 날마다 말씀 앞에 서야 하지.
변함없이 십자가만을 좇아 걸어가자. 알았지?"

우리가 알거니와 우리의 옛 사람이 예수와 함께 십자가에 못 박힌 것은 죄의 몸이 죽어 다시는 우리가 죄에게 종 노릇 하지 아니하려 함이니 _롬 6:6

그리고 그날 아침 아들과 나에게 동일한 결론으로
주어진 말씀 시편 20편 7절.

어떤 사람은 병거, 어떤 사람은 말을 의지하나
우리는 여호와 우리 하나님의 이름을 자랑하리로다
이 말씀을 결론 삼아 내게 던져지는 모든 질문을 향해
이와 같이 답하기로 했다.
"오직 예수!"

그 명령의 이유 280일째

아침 6시 27분.

드디어 말라기서의 마지막 말씀인 4장 6절을 묵상했다.

그가 아버지의 마음을 자녀에게로 돌이키게 하고 자녀들의 마음을 그들의 아버지에게로 돌이키게 하리라 돌이키지 아니하면 두렵건대 내가 와서 저주로 그 땅을 칠까 하노라 하시니라

보이지는 않지만 분명한 실체이신 주님을 만나기 위해
마태복음부터 시작해서 말라기까지
간절히 말씀 앞에 직면했던 시간들.
물론 말씀을 펼쳤던 모든 순간이
깊고 절묘한 의미를 준 것은 아니었다.
때로는 성경을 읽는 것이 무의미하게만 느껴졌고,
때로는 묵상하다가 꾸벅꾸벅 졸기도 했다.
그럼에도 불구하고 읽고 읽고 또 읽어나갔다.
내 모습에 자칫 낙심하거나 실망할라 치면
스스로를 경계하고 포기하지 않았다.

우리가 선을 행하되 낙심하지 말지니 포기하지 아니하면 때가 이르매 거두리라 _갈 6:9

이러한 나의 중심을 하나님께서도 아셔서
말라기서 마지막 절의 말씀처럼 나의 마음을 돌이키셨고
놀라운 축복을 나와 우리 가정 위에 부어주셨다.
무엇보다 나와 함께 말씀 읽기에 동참했던 이들에게도
동일한 은혜와 축복으로 함께해주셨다.

말씀 앞에 서라는 주님의 명령이 들렸을 때 나는 좀 의아했다.
왜 굳이 '말씀 읽기'인가?
다른 것도 있을 텐데 왜 하필 꼭 집어서 말씀 읽기인가?
그동안 사역자로 살아오면서
말씀이 가장 중요하다는 사실을 잘 알고 있었기에
결코 말씀을 등한시하지 않았다.
하지만 말씀 외에도 중요한 것이 얼마나 많은가?
전도, 선교, 구제, 봉사 등등….
이런 것들이 지금 내게 더 필요하지 않은가?
말씀 읽기보다 더 행동적이고
주님을 증거할 수 있는 방법이지 않은가?
그러나 순종하면 할수록 주님께서 왜 내게

말씀 읽기를 명령하셨는지 그 이유를 확연히 알 수 있었다.

말씀을 전심으로 읽으면 읽을수록
나의 진짜 모습이 여지없이 드러났다.
스스로도 너무 부끄러워 견딜 수가 없을 지경이었다.
이대로 살다가는 그냥 파멸해버릴 것 같았다.
따라서 말씀 읽기는 나에게 있어서 아주 긴급한 명령이자,
시기적절한 처방전이었다.

20여 년간 예배사역자로 살면서
내가 읽고 행한 말씀의 영역은 지극히 부분적이었다.
말씀을 받기보다는 내 머리로 생각해서
사역에 필요한 말씀을 골라 강의하고 적용했기에
당연히 결론은 주님이 아닌 나의 필요였다.
이렇게 타협적으로 말씀 읽기를 하다보니
나의 믿음은 이것저것이 섞여서 희석되어버렸다.
주님을 믿는다면서도 주님 한 분만을 사랑하지 않고,
십자가를 말하면서도 재림은 말하지 않았다.
게다가 늘 예배와 찬양 콘티를 짜고
보컬팀과 악기팀 등 여러 팀을 운영하느라 분주해서
내가 얼마나 말씀이 부족한지 느끼지 못했다.

나는 참으로 기능적인 사람에 불과했다.
화려한 조명과 사운드가 받쳐주는 무대 위에서의 전심과
치열함만이 나의 영성이었고 믿음이었다.
단 한 번도 총체적인 말씀 앞에 전심으로
치열하게 내 자신을 굴복시킨 적은 없었다.
그것이 무엇인지에 대한 자각도 없었다.
말씀 앞에 전심으로 서지 않는 찬양과 사역을
성령님께서 어찌 기뻐하실 수 있겠는가?
이제 더는 물러설 자리도 없는 내게,
원인도 모른 채 고갈되어 지쳐버린 내게,
자칫 쓰임만 받고 버려질 위기에 처한 내게,
하나님께서는 가장 단순하면서도
명확한 진리를 명하셨다.

태초에 말씀이 계시니라 이 말씀이 하나님과 함께 계셨으니 이 말씀은 곧 하나님이시니라 _요 1:1

성경을 다 읽고난 다음 날,
하나님께서는 내가 깨달은 그 명령의 이유를
경배와 찬양팀에게 솔직하게 나누라고 하셨다.
"여러분, 이제 하루 세끼 밥은 꼬박꼬박 먹으면서

말씀은 바빠서 못 읽었다고 말하는 예배팀이 되지 맙시다.
말씀을 읽지 않으면 예배팀에 있지도 맙시다."
팀원들에게 나는 물었다.
우리가 지난 시간 동안 함께 죽기 살기로
성경을 읽어왔던 이유는 무엇인가?
교회에 다니는 사람으로서의 최소한의 예의이기 때문인가?
만약 성경을 100번 정도 읽었다면
그것이 진정 우리의 자랑이 되는가?
더 나아가 성경 66권을 다 썼다고 치자.
그러면 그것이 내 신앙에 대한 충분한 증명이 되는가?
이것도 저것도 아니라면 도대체 왜,
'밥을 안 먹으면 안 먹었지 성경은 읽자!
잠을 안 자면 안 잤지 성경은 읽자!'라고 외치며
말씀 앞에 직면하기 위해 몸부림을 쳤던 것일까?

나는 40여 명의 팀원 한 사람 한 사람을 돌아보면서 말했다.
우리가 성경을 그렇게 치열하게 읽어왔던 이유는,
바로 하나님과의 완전한 합일,
깊은 연합의 관계를 맺어가기 위해서라고.
단순한 읽기가 아니라 하나님을 실제로 만나기 위해,
그 앞에 서고자 발버둥 쳤던 것이라고.

말씀 앞에 직면하지 않고서는
결단코 하나님을 만날 수 없기 때문이라고 말이다.
물론 말씀 없이도, 그리고 하나님과 대면하지 않아도
신앙생활은 유지될 수 있다.
바로 그것이 무서운 것이다.
물을 마셨는데도 목이 마르고
밥을 먹었는데도 여전히 배가 고픈 삶,
그것이 지옥의 삶이다.
마치 책임감과 의무감만으로도 살아지는 결혼생활처럼
하나님과 나와의 관계도 그렇게 될 수 있다.
그러한 관계를 어찌 신랑과 신부라는
연합의 관계라고 말할 수 있겠는가?
달면 삼키고 쓰면 뱉는 자기중심적 신앙으로
어찌 주님을 사랑한다고 말할 수 있겠는가?
그렇게 일방적이고 상황에 따라 변하는 사랑은
인격과 인격이 만나서 나누는 사랑이 아니다.
그러한 신앙은 신앙이 아니고, 그러한 믿음은 믿음이 아니다.
관계에 있어서 전부라고 할 수 있는 사랑이 빠져버렸기 때문이다.
우리에게는 전심이 필요하다.
온 마음으로 주님을 향해 나아가지 않는 한
우리는 옆에 계신 주님을 결코 볼 수 없을 것이다.

교회를 다닌다는 이유로 기독교인이라 불리며
살 수 있을지는 몰라도
주님 한 분만으로 만족하는 삶을 살아가지는 못할 것이다.
종교적으로 아무리 높은 위치와
오랜 신앙의 연수를 가졌다 할지라도 말이다.
주님께서는 그러한 사랑의 관계를 맺어갈 수 있는 길은
오직 말씀과 기도뿐이라고 말씀하셨다.

하나님의 말씀과 기도로 거룩하여짐이라 _딤전 4:5

말씀을 읽어가면서 나는 성경 속에 담겨 있는
하나님의 마음을 기억해냈다.
'아들아 나와 놀자. 딸아 나와 사귀자.
너는 내 안에 나는 네 안에 있고 싶다'는 아버지의 사랑이
이 두툼한 책에 끊임없이 흐르고 있었다.

이어 나는 주님과 연합하기 위해 치열하게 말씀 앞으로
달려왔던 우리 귀한 집사님들에게 말했다.
"이제 얼마 남지 않았습니다.
혹, 지금까지 그냥 읽어오셨다 할지라도 괜찮습니다.
중요한 것은 지금부터입니다.

지금부터라도 전심으로 말씀 앞에 서십시오!
말씀을 읽으십시오.
무슨 수를 써서라도 그 어떤 대가를 치르더라도
말씀 읽기를 통해 주님과 깊은 연합의 관계를 맺으십시오.
이름도 없고 빛도 없는 여러분의 작은 순종을 통해
하나님께서 영화롭게 되실 것입니다.
또한 여러분들을 영화롭게 하실 것입니다.
하나님 앞에 자신을 영화롭게 해달라고 기도하셨던 예수님,
하나님께서는 그 예수 그리스도를
십자가에 못 박혀 돌아가게 하심으로써
그 영화로움을 끝내 이루셨습니다.

아버지께서 내게 하라고 주신 일을 내가 이루어 아버지를 이 세상에서 영화롭게 하였사오니 아버지여 창세 전에 내가 아버지와 함께 가졌던 영화로써 지금도 아버지와 함께 나를 영화롭게 하옵소서 _요 17:4,5

우리 또한 말씀 앞에 직면함으로써 십자가의 죽음을 경험합시다.
그리고 부활한 새 생명으로 주어진 하루하루를 살아갑시다.
하나님으로 인해 영화롭게 된 삶,
분명 이전과 다른 삶을 살아가게 될 것입니다."

나는 집사님들의 눈을 바라보며 다시 말했다.

"전심으로 말씀을 읽기 위해 저를 따라 외치십시오!

죽기 살기로 치열하게 말씀을 읽자!"

마치 매우 단순하고 유치한 선동자가 된 기분이었지만

난 거듭거듭 그렇게 말했다.

경배와 찬양팀 사람들의 반응은 다채로웠다.

"성경을 읽지 않으시려거든 예배팀을 그만두십시오."

이 말에 어떤 이는 한숨을 쉬었고,

어떤 이는 도저히 감당할 수 없는 숙제라는 듯

원망 어린 눈빛으로 나를 쳐다보았다.

어떤 이는 드러내고 거부감을 표했으며

또 어떤 이는 교역자의 의무적인 명령으로만 받아들였다.

'굳이 해야 하나?'

'나는 지금 큐티하고 있는데!'

'꼭 다 같이 읽어야 하나?'

'그런 것은 각자 알아서 하도록 내버려두지!'

'다음에는 목사님이 또 어떤 걸로 우리를 괴롭히실까?'

하지만 나는 그들 속에 일말의 희망과 기쁨이 있는 것을 보았다.

그들의 내면 깊숙한 곳에는 말씀에 대한 사모함이 있었고

그것을 통해 이루실 하나님에 대한 기대도 있었다.

우리는 사모하는 마음과 기대하는 마음으로 함께 달리기 시작했다.

성령님께서 친히 인도자요, 조력자가 되어주셨다.

한 명 한 명의 눈빛이 다시 빛나기 시작했다.

하기 싫은 숙제를 앞두고 '이제 얼마 남지 않았어!'를 외치는

어린아이의 눈빛이 아니었다.

말씀 앞에 직면하기를 간절히 사모하면서부터 하나님을 만났고,

너무 힘들어서 놓아버리고 싶은 상황과 환경에서조차

놀라우신 방법과 최고의 선택으로

자신을 돌보고 계시는 하나님의 손길을 느꼈기 때문이었다.

그 안에 생명이 있었으니 이 생명은 사람들의 빛이라 _요 1:4

성경이 '책'이 아니라
바로 '하나님'이심을 경험하게 된 것이다.

말씀이 육신이 되어 우리 가운데 거하시매 우리가 그의 영광을

보니 아버지의 독생자의 영광이요 은혜와 진리가 충만하더라

_요 1:14

점점 변화되어가는 팀원들의 모습.

물론 제각기 달랐다.

어떤 이는 그 변화가 눈에 띄게 드러나기도 했고,
어떤 이는 보이지 않게 천천히 드러나기도 했다.
그들의 삶 자체가 달라졌다기보다는
삶을 대하는 자세가 달라졌다.
늘 안고 있던 문제가 일사천리로 풀리진 않았지만
그 문제를 하나님의 눈으로 바라보게 되었다.
문제의 해결만이 목적이고 기도제목이 아니라
그 문제를 통해 어떻게 하나님의 영광을 드러낼 것인지
거룩한 고민을 하게 된 것이다.
할렐루야! 주님이 하셨다!
하나님이면 충분하게 된 것이다.
주님을 믿는 신앙이 교회 안에서만 머물지 않게 된 것이다.
친히 일하시는 주님의 손길을 경험하게 된 것이다.
아버지 안에 내가 있고, 내 안에 아버지가 있는,
온전한 참 포도나무를 소망하게 된 것이다.

이러므로 우리가 하나님께 끊임없이 감사함은 너희가 우리에게 들은 바 하나님의 말씀을 받을 때에 사람의 말로 받지 아니하고 하나님의 말씀으로 받음이니 진실로 그러하도다 이 말씀이 또한 너희 믿는 자 가운데에서 역사하느니라 _살전 2:13

이제 선택은 각자의 몫이다.

죽기 살기로 치열하게 말씀을 읽겠는가?

이것을 선택하면 이 대가를 받을 것이요,

저것을 선택하면 저 대가를 받을 것이다.

주님을 높이 세우면 주님이 우리를 높이 세우실 것이다.

아버지의 이름을 위하여!

미래에 대한 두려움이 사라졌다!

주신 **비전**을 더욱 굳게 잡게 되었다!

함께할 사람들을 만나게 되었다!

일하는 방식과 형태가 뚜렷이 달라졌다!

계획대로 안 되어도 상관없다!

말이 달라지기 시작했다!

눈빛이 변하기 시작했다!

이전과 다른 권위를 부여받았다!

사역의 **지경**이 눈에 띄게 넓어지기 시작했다!

무엇인가를 간구하면 어느새 이루어져 있었다!

(주님의 영광을 위한 것이라면.)

내가 가진 것을 내어놓는 것이 아깝지 않다!

내 안에 뜨거움이 자리 잡았다. 어느새 불이 되어버렸다!

주님의 인도하심을 **구체적으로** 받게 되었다!

두려운 사람도 없고 부러운 사람도 없다!

주님만 있으면 내게는 그 어디나 하늘나라이다!

주님이 하셨다

복을 나누고 흘려보내라

첫 번째 〈너.영.화.〉

40일만 해보세요

나를 나 되게 하시는 아버지

복을 나누고 흘려보내라

복 알레르기의 치유

나는 알레르기 환자였다. 병명은 '복福 알레르기'로, 겉으로는 복을 구하는 사람들을 질시하면서 속으로는 복을 엄청 바라는 이중적인 마음의 상태를 말한다.

하나님으로부터 오는 복이 어떤 것인지 헷갈리기에 구하고 싶어도 구체적으로 구하지 못하고, 혹 받았다고 한들 그 정체나 속성을 제대로 알지 못해서 마음껏 누리지도 못하는 것이 내가 앓고 있던 복 알레르기의 대표적 증상들이다.

그런데 감사하게도 하나님께서는 지구촌 교회 담임 목사님이신 이동원 목사님을 통해 고질적으로 달고 다녔던 이 영적 질환을 치유해주셨다. 그날 목사님께서는 역대상 4장 9절과 10절의 '야베스의 기도'를 가지고 '존귀한 인생'이란 제목의 설교를 하셨다.

야베스는 그의 형제보다 귀중한 자라 그의 어머니가 이름하여 이르되 야베스라 하였으니 이는 내가 수고로이 낳았다 함이었더라 야베스가 이스라엘 하나님께 아뢰어 이르되 주께서 내게 복을 주시려거든 나의 지역을 넓히시고 주의 손으로 나를 도우사 나로 환난을 벗어나 내게 근심이 없게 하옵소서 하였더니 하나님이 그가 구하는 것을 허락하셨더라

목사님께서는 먼저 "한국교회 가운데 복에 대한 잘못된 인식들이 편만해져 있어 그릇된 신앙의 모습들이 우리 안에 생겼다"라고 말씀하셨다. 특별히 기성세대들의 믿는 모습으로 인해 복의 복 자만 나와도 인상을 찌푸리는 상처 받은 사람들이 많이 생겼다고 덧붙이셨다. 그리고 이것은 하나님의 잘못이 아닌 우리의 죄 때문에 일어난 일이며, 하나님은 천지를 창조하실 때부터 우리에게 복을 주셨고, 지금도 계속 부어주고 싶어하시니 그 복을 진심으로 구하라고 하셨다.

> 하나님이 그들에게 복을 주시며 이르시되 생육하고 번성하여 여러 바닷물에 충만하라 새들도 땅에 번성하라 하시니라 _창 1:22

내가 오랫동안 품고 있던 아픔을 한국교회 어른 중 한 분을 통해서 듣게 되니 많은 위로와 격려가 되었다.

그 후로 나는 혼자 기도할 때나 사람들과 함께 기도할 때나 매 순간 야베스처럼 간절하게 기도를 드렸다. 정말 하나님의 존귀한 자가 되고 싶었다.

'저에게 복에 복을 더하여주십시오!
저의 지경을 넓혀주십시오!
저를 예수님 손에 붙들어주십시오!
저를 악으로부터 보호해주십시오!'

짧은 기도였지만 매일 매 순간 전심으로 올려 드렸던 이 기도들이 하나둘 이루어지기 시작했다. 말씀을 죽기 살기로 읽겠다는 마음을 주신 것도 이 기도의 응답이었다.

나는 말씀이 내 삶의 실체가 된 후 내 안에서 동시다발적으로 혹은 순차적으로 일어난 크고 작은 일들을 적어 내려갔다. 한 치의 주저함도 없었다.

미래에 대한 두려움이 사라졌다!

지금의 시간을 누릴 수 있게 되었다!

주신 비전을 더욱 굳게 잡게 되었다!

함께할 사람들을 만나게 되었다!

일하는 방식과 형태가 뚜렷이 달라졌다!

계획대로 안 되어도 상관없다!

말이 달라지기 시작했다!

(정확히 말하자면 다른 이가 내 안에서 말하는 것 같다.)

눈빛이 변하기 시작했다!

이전과 다른 권위를 부여받았다!

사역의 지경이 눈에 띄게 넓어지기 시작했다!

무엇인가를 간구하면 어느새 이루어져 있었다!

(주님의 영광을 위한 것이라면.)

내가 가진 것을 내어놓는 것이 아깝지 않다!

시장에서도 부흥회를 할 수 있다. 주님만 명령하신다면!

내 안에 뜨거움이 자리 잡았다. 어느새 불이 되어버렸다!

주님의 인도하심을 구체적으로 받게 되었다!

두려운 사람도 없고 부러운 사람도 없다!

주님만 있으면 내게는 그 어디나 하늘나라이다!

끝도 없이 이어지는 치유와 변화의 내용들, 나는 놀라지 않을 수 없었다. 야베스의 기도가 구체적이고 견고한 모습으로 내 삶 속에서 이루어진 것이다. 살기 위해서 읽었을 뿐이고 믿음 하나만 지켜주셔도 감지덕지한데 아버지는 내가 전혀 예상하지 못했던 선물들까지 한없이 부어주셨다. 말씀 앞에 직면함으로 이루어진 야베스의 기도는 '실체'였다.

하지만 마냥 즐거워하며 복 받은 기쁨에 취해 이 자리에만 머물 수 없었다. 아니, 복 받음이 나의 자족自足이 되어서는 안 된다고 생각했다. 한 명이든 두 명이든 받은 복을 나누고 흘려보내야 한다. 그것이 바로 하나님의 마음, 전도이고 선교이므로.

여호와께서 아브람에게 이르시되 너는 너의 고향과 친척과 아버지의 집을 떠나 내가 네게 보여 줄 땅으로 가라 내가 너로 큰 민족을 이루고 네게 복을 주어 네 이름을 창대하게 하리니 너는 복이 될지라. 너를 축복하는 자에게는 내가 복을 내리고 너를 저주하는 자에게는 내가 저주하리니 땅의 모든 족속이 너로 말미암아 복을 얻을 것이라 하신지라 _창 12:1-3

첫 번째 〈너. 영. 화.〉

하나님의 때를 기다리다

주변 사람들은 나를 '맨땅에 헤딩 잘하는 사람'이라고 불렀다. 그도 그럴 것이 '이것은 하나님의 일'이라는 당위성과 명분만 있으면, 돈이 있든 없든 도울 사람이 있든 없든 거침없이 밀어붙였기 때문이다.

하지만 주님과 연합의 삶을 살게 된 이후, 그러한 내 자아의 열심 때문에 주님이 상처를 받고 계시며, 슬퍼하고 계신다는 것을 알게 되었다. 하나님의 일이란 내가 주님을 위해 무엇을 하는 것이 아니었다. 나를 부르셨기에 무조건적인 순종으로 그 부르심에 나아가는 것, 그것이 믿음이었다. 나와 맞는 일이건 아니건 원하는 자리이건 아니건 간에 부르셨기에 가는 것이 참 믿음임을 알게 하셨다.

나는 더 이상 예전처럼 내 머리에서 나온 생각과 지혜로 기획안을 만들어 하나님의 일이라는 명분을 붙여가며 일하고 싶지 않았다. 내가 토해낸 배설물을 다시 주워 먹을 수는 없었다.

> 또한 모든 것을 해로 여김은 내 주 그리스도 예수를 아는 지식이 가장 고상하기 때문이라 내가 그를 위하여 모든 것을 잃어버리고 배설물로 여김은 그리스도를 얻고 그 안에서 발견되려 함이니 내가 가진 의는 율법에서 난 것이 아니요 오직 그리스도를 믿음으로 말미암은 것이니 곧 믿음으로 하나님께로부터 난 의라 _빌 3:8,9

예전에는 '이 일을 하라고 하시는 것 같은데…' 하는 생각이 들면 '이 일을 '내가' 어떻게 해야 하지?'라는 질문이 반사적으로 나왔다. 하지만 이제는 다른 마음을 먼저 품는다.

'기다림'

이제까지 다른 사람들에게는 하나님의 때를 기다려야 한다고 쉽게 말했지만 정작 나는 기다리지 않았다. 하지만 이제는 철저하게 그렇게 하고 싶다. 그렇기 때문에 받은 복을 실현하고 나누는 일도 내 생각대로가 아니라 철저히 말씀이 임할 때까지 기다리기로 했다.

'분명 정확한 때에 직접 말씀하실 거야.'

기다리는 마음이 곧 기도였다.

'사람들과 함께 죽기 살기로 치열하게 말씀을 읽고 싶습니다. 어떤 방법으로 할지는 주님이 보여주십시오.'

길을 걸으면서도, 운전을 하면서도, 밥을 먹으면서도 간절하게 주님께 기도 드렸다.

〈너. 영. 화.〉의 탄생

교회 사무실에서 말씀을 읽던 어느 날, 예전에 무심코 읽었던 이메일이 생각났다.

'어쩌면?'

메일의 내용인즉슨, 교회 목장 모임(구역 모임)이 없는 여름 기간에 한 주간 정도 특별한 주제를 잡아 성경공부를 인도하고 싶은 사역자가 있으면 신청하라는 것이었다. 문득, 성경공부가 아닌 전심으로 말씀 앞에 서는 시간을 가지면 어떨까 하는 생각이 스쳐 지나갔다.

'하지만 이 단순한 프로그램을 특강으로 열어주실까? 말씀 풀이나 강해가 아니라 그저 함께 모여서 말씀을 전심으로 읽고 받은 말씀으로 기도하는 것인데….'

그러나 점점 가슴이 뛰었다.

'이 강의는 성경 말씀을 기록한 저자가 직접 하는 강의가 아닌가?'

담당 사역자와 이야기를 나누었다. 대답은 흔쾌히 '오케이'였다.

할렐루야! 기다림 끝에 맛보는 시원함과 명쾌함. 부산하게 기획안을 작성하고, 땀나게 담당자를 만나고, 인력을 동원하느라 일도 하기 전에 지쳐버리곤 했던 나로서는 전혀 경험하지 못했던 아버지의 행하심이었다. 기다리며 기도했기에 하나님의 일하심을 보게 된 것이다.

그래서 나는 문제가 생각날 때마다 묻고, 듣고, 더디 행하는 훈련을 계속했다.

'주님, 강좌 이름을 적어내야 하는데 뭐라고 할까요?'

말씀이 생각났다. 잠언 4장 8절 말씀이었다.

그를 높이라 그리하면 그가 너를 높이 들리라 만일 그를 품으면 그가 너를 영화롭게 하리라

'예! 알겠습니다. 그럼 강좌 이름을 〈너를 영화롭게 하리라(너. 영. 화.)〉로 하겠습니다.'

'그런데 주님, 어느 말씀을 읽어야 할까요?'

로마서와 에베소서를 통해 복음에 구체적으로 직면했던 기억들이 떠올랐다.

'알겠습니다. 바울서신을 읽겠습니다.'

이렇게 해서 저자 직강, 즉 하나님이 직접 강의하시는 첫 번째 〈너. 영. 화.〉를 시작하게 되었다.

터져 나오는 복음의 비밀들

첫날, 모임이 시작되었는데도 어떠한 방식으로 이 모임을 이끌어가야 할지 전혀 예측할 수 없었다. 각양각색의 수련회를 기획하고, 참여하고, 진행해본 나였지만 '말씀 앞에 직면하는 모임'은 대체 어떻게 해야

할지 그 시작부터 막막했다.

'성경 통독 캠프처럼 말씀만 읽을까? 아니면 말씀 읽기에 대한 강의를 곁들일까?'

하지만 이것은 주님이 주신 마음이 아니었다. 주님이 주시는 마음은 오직 하나였다.

'나만 믿어라! 내가 한다. 내가 할 말을 주겠다.'

'네, 알겠습니다. 주님!'

선착순으로 모여든 40명의 사람들을 바라보았다. 나의 시작이 그러했듯이 강의 서두도 이 질문으로 시작되었다.

"하나님만으로 만족하십니까?"

다짜고짜 들이대는 생뚱맞은 질문에 사람들은 당혹스러워 했다. 게다가 '예 할 것은 예 하고 아니오 할 것은 아니오 하자'며 '그 외에 다른 말은 다 악으로부터 나왔다'고 말씀을 들이대니 피할 수도 없고, 심히 괴로워하는 것 같았다. 괜히 왔다고 후회하는 사람도 있는 것 같았다.

그들의 모습을 보면서 '이러다가 내일 아무도 안 나오는 거 아냐?' 하는 불길한 생각도 들었다. 하지만 여기까지 와서 물러설 수는 없었다. 그러면 그럴수록 나는 더욱 사실을 말해야만 한다. 부담스럽고 괴로워서 내일 아무도 나오지 않는다고 할지라도, 그로 인해 모임이 아예 없어진다 할지라도 말이다.

나는 망연한 얼굴로 앉아 있는 이들에게 계속해서 말했다.

"위로받고 축복받기 위해 말씀을 골라서 읽고 적용해왔다면 지난

날의 그 거짓된 습관들을 모두 다 벗어버리십시오. 오직 빛 되신 말씀, 완전하신 주님 앞에 나아가 그 주님과 직면하십시오. 그분 앞에 서면 나의 모든 것이 드러나게 됩니다. 전신 거울 앞에 벌거벗은 채로 서 있는 것처럼 위장하고 숨겼던 모든 것들이 드러날 수밖에 없습니다. 바로 그때 주님이 여러분에게 손을 내미실 것입니다. 그 손을 잡으십시오."

그러고나서 로마서 1장 1절부터 다 함께 낭독하기 시작했다. 전심을 다해 읽으면서 주님이 주신 말씀을 표시하라고 했다. 무엇보다 말씀에 반응하는 자신의 마음을 숨기지 말고 그 감격과 죄송함을 다 표현하면서 읽으라고 했다. 말씀을 읽어 내려가는 그들의 모습 속에 당혹스러운 기색이 역력했다. 그들의 얼굴은 이렇게 말하고 있었다.

'성경에 이런 내용이 쓰여 있었나? 내 아내에게도, 가장 친한 사람에게도 알리지 않고 숨겨왔던 내 삶, 주님께조차 말씀드리지 않았던 내 삶인데, 어떻게 이렇게 나의 죄에 대해 속속들이 알고 계신 걸까?'

나도 새롭게 말씀 앞에 직면했다. 그러다가 주님이 결정적인 말씀을 주시면 읽기를 잠시 멈추고, 통독이 끝난 후에 그 말씀을 짧게 전했다. 할 말을 주시겠다고 하신 그 말씀이 실제적으로 드러나는 순간이었다. 지난 시간 짜깁기 식으로 구성했던 설교안이나 강의안과는 완전히 다른 형태였다.

내 입에서 터져 나오는 복음의 비밀들이 놀라웠다.

'도대체 내가 어떻게 이런 말을 하고 있는 거야?'

화살이 표적을 맞히듯 분명하고도 정확하게 말씀들이 그들 안에 들어가는 것을 보았다. 놀라울 따름이었다.

기도 가운데 어두움이 사라지다

드디어 격전의 순간이 다가왔다. 금요심야기도, 통성기도, 침묵기도 등 많은 기도의 시간이 있지만 곧 맞이하게 될 기도 시간은 이전과는 다를 것이라는 확신이 들었다.

우선 기도하기 전에 사람들에게 이렇게 말했다.

"지금까지 읽은 말씀 속에서 주님이 주신 말씀이 무엇인지 처음부터 다시 살펴보십시오. 특히 밑줄 그으셨던 말씀들을 유심히 보십시오."

지체들이 말씀을 다시 살펴보는 사이 나는 간절히 기도하며 종이 위에 방금 전까지 내게 주셨던 말씀들을 적기 시작했다. 그리고 무엇을 기도해야 할지 주님 앞에 간절히 구하며 구체적인 기도제목들을 적어 내려갔다. 백지 위에 써 내려가는 아버지의 소원들을 보며 말했다.

"기도란 나의 소원보다 아버지의 소원이 이루어질 수 있도록 주님 앞에 간절한 마음으로 나아가는 것입니다. 말씀 앞에 직면함으로써 우리는 보이지 않는 실체이신 하나님의 뜻을 보았습니다. 그렇다면 이제는 하나님의 뜻이 모든 기도제목의 결론이 되게 하십시오.

실체이신 하나님께서 죽으라 하시면 죽으십시오. 살라 하시면 사십시오. 떠나라 하시면 떠나십시오. 남으라 하시면 남으십시오. 용서를 구하라 하시면 똥오줌을 뒤집어쓴 것 같이 치욕스러워도 무릎을 꿇고 용서를 구하십시오. 주님도 당신을 용서하셨습니다. 그것도 이것도 모르겠다면 움직이지 마십시오. 그 누가 뭐라고 해도 움직이지 마십시오. 바로 이것이 주님이 원하시는 기도인 것입니다.

주님의 뜻이 우리의 기도제목이 되는 것! 그것이 말씀 앞에 직면한 자들이 할 수 있는 유일한 기도의 모습인 것입니다."

> 이르시되 아빠 아버지여 아버지께서는 모든 것이 가능하오니 이 잔을 내게서 옮기시옵소서 그러나 나의 원대로 마시옵고 아버지의 원대로 하옵소서 하시고 _막 14:36

모든 사람들이 말씀에 의거해서 받은 기도제목들을 놓고 정말 죽기 살기로 치열하게 기도하기 시작했다. 나는 다시 한 번 크게 놀랐다.

'저런 슬픔이 저들 속에 감추어져 있을 줄이야!'

'저런 두려움이 저들 속에 감추어져 있을 줄이야!'

'저런 분노가 저들 속에 감추어져 있을 줄이야!'

'저토록 치유되고 싶고 회복되고 싶은 마음이 저들 속에 감추어져 있을 줄이야!'

'저렇게까지 주님을 사랑하고 싶은 마음이 저들 속에 감추어져 있을 줄이야!'

반주로 봉사하던 형제가 괴로워하며 자신이 저지른 은밀한 죄들을 고백하기 시작했다. 그리고 남편에 대한 문제로 고민하던 자매가 자신의 삶을 토설했다. 말씀 앞에 밝히 드러난 문제의 진짜 이유는 남편이 아니라, 젊은 시절 자신이 경험한 치욕스럽고 수치스러운 일이었다.

"전능하시다면서요! 전지하시다면서요! 주님은 사랑이시라면서요! 그런데 왜! 아무 잘못 없는 제가 그런 일을 당하도록 내버려두셨어요!"

숨어 있던 문제들과 하나님과의 관계에서 어그러진 부분들이 말씀을 통해 드러났다. 그리고 그 틈으로 빛이 들어갔다. 복음이 아니고서야 저렇게 어린아이처럼 울면서 주님께 나아갈 수 있을까!

어떤 권사님은 눈물 콧물 다 흘려가며 울부짖으셨다.

"목사님, 이곳에 오기 전에 목자(구역 모임의 리더)로서 너무나도 큰 고통 가운데 있었습니다. 그래서 목자를 내려놓으려고 했습니다. 그런데 말씀 앞에 서면서 그 괴로움이 저의 죄 때문임을 알게 되었습니다. 이제는 목사님이 말씀하신 것처럼 정말 죽기 살기로 치열하게 말씀을 읽겠습니다."

그리고 한 집사님은 이렇게 말씀하셨다.

"저는 싫어도 싫다는 말을 하지 못하면서 지금까지 살아왔습니다. 제가 희생을 감수하는 것이 분위기나 평화를 깨지 않는 것 같았거든요. 그래서 사람들은 항상 저를 착하다고 합니다. 하지만 저는 문제를 회피하고 있었고, 그것이 하나님과의 관계에 있어서도 한 발짝 더 깊이 나아가지 못하게 했음을 알게 되었습니다."

그렇게 하나님은 말씀을 통해 빛으로 오셔서 우리의 어두움을 드러내시고는 기도 가운데 거두어가셨다.

매 순간 전심을 다하기 위한 서약

"우리는 어제의 은혜로 오늘을 살 수 없습니다. 지금의 은혜로 다음을 살 수 없습니다. 빛 되신 주님 앞에 매 순간의 전심을 드리는 것이 우리에게는 필요합니다."

우리는 다 함께 죽기 살기로 치열하게 말씀 앞에 서기로 약속하며 다음과 같이 서약했다.

- 어떤 상황에서도 주님이면 충분합니다.
- 어느 곳에서도 주님이 결론입니다.
- 주님이 모든 일을 하십니다.
- 위의 진리를 지켜나가기 위해 날마다 말씀 앞에 서겠습니다.
- 날마다 십자가에 못 박힌 삶을 통해 말씀이 진짜임을 증거하겠습니다.
- 내가 나를 규정짓는 것이 아니라 말씀 앞에 직면함으로써 내가 누구인지 알아가겠습니다. 그래서 가라 하시면 가고 하라 하시면 하는 완전한 순종의 삶을 살겠습니다.
- 주님이 주시는 은혜를 느끼지 못한다 할지라도 단 하루도 말씀을 놓지 않겠습니다.
- 성실한 종의 모습으로 말씀이 승리하셨음을 나와 내 주변 사람들에게 증거하겠습니다.
- 특별히 부부 관계, 부모자식 관계, 직장과 하는 모든 일 속에서 말

쓺으로 충만히 거하여 말씀이 증거될 수 있도록 하겠습니다. 그 것이 최우선 아니니, 나의 전부입니다.

- 위의 일들을 통해 주님이 나를 영화롭게 하실 것을 생명을 다해 전심으로 믿습니다.

예정된 일주일이 지나고 우리는 서로를 깊이 축복하며 헤어졌다. 이렇게 해서 첫 번째 〈너. 영. 화.〉를 주님의 인도하심 가운데 잘 마칠 수 있었다.

40일만 해보세요

함께 가는 길

"목사님, 저 어쩌지요? 지난 일주일 동안 함께 말씀을 읽으면서 너무 행복했어요. 주님을 만났기에 너무 감사했습니다. 하지만 이제 앞으로 혼자 어떻게 해야 할까요?"

첫 번째 〈너. 영. 화.〉를 마치고 가방을 챙기는데 몇 분이 찾아오셔서 말씀하셨다. 아쉬움과 불안함이 묻어 있는 말이었다. 일주일 동안 열심히 수영하는 법을 배웠으니 이제 혼자 바다에서 수영을 해야 한다는 막막한 심정이 내게도 밀려왔다. 기도했다.

'제가 할 수 있는 일이라고는 아무것도 없는데 어떻게 해야 하나요? 다 잘 될 거라는 위로 한마디보다는 힘은 들어도 혼자서 헤엄칠 수

있는 주님의 방법을 알려주고 싶습니다. 약속하신 지혜와 계시의 영을 제게 주옵소서!'

우리 주 예수 그리스도의 하나님, 영광의 아버지께서 지혜와 계시의 영을 너희에게 주사 하나님을 알게 하시고 _엡 1:17

서서히 밀려오는 아버지의 마음, 바로 골로새서 3장 16절 말씀이었다.

그리스도의 말씀이 너희 속에 풍성히 거하여

나는 그 분들에게 담담히 전하기 시작했다.

"정말 주님 한 분만으로 만족하고 싶으세요? 주님이 내 안에 있고 내가 주님 안에 있기에 주님이 죽으라면 죽고 살라면 살고 싶으세요? 주님을 완전한 주인으로 모시며 남은 인생을 살고 싶으세요?"

"예! 목사님."

"정말 그러시다면 40일만 해보세요!"

단호하고 명확한 말이었다.

"40일만 죽기 살기로 치열하게 말씀을 읽어보세요. 집사님의 애타는 심정, 권사님의 이제 그만 빠져나오고 싶은 심정이 진짜라면 40일 동안 말씀을 읽으셔서 그 간절함을 아버지께 보여드리세요.

남편 때문에 죽고 싶으시다고요? 그렇다면 죽기 전에 어떤 수모를 당하더라도 말씀이 하라는 대로 한번 해보세요. 남편이 같이 읽지 않으면 갖은 애교를 떨어서라도 말씀을 읽어드리세요. 남편이 곤드레만드레 취해 쓰러져 자도 그 옆에서 술 냄새 맡아가면서 말씀을 읽어드리세요.

아이가 다시 주님께 돌아오기를 원하신다고요? 주님을 위한 큰 일꾼이 되기를 바라신다고요? 그렇다면 함께 말씀을 읽을 수 있도록 시간을 마련하세요. 공부 때문에 너무 시간이 없어서 도저히 시간을 낼 수 없다면 학원에 보내지 마세요. 성적 떨어질 것을 각오하고 말입니다. 죽기까지 전부를 내어놓으신 주님처럼 그 어떤 대가라도 과감히 지불하십시오.

대가지불을 하면 할수록 쌀과 찹쌀처럼 모호하게 섞여 있는 자기 신앙의 실체가 보이기 시작할 것입니다. 타협했던 것들이 눈에 띄기 시작할 것입니다.

그리고 아직 주님 앞에 드리지 않은 그 1퍼센트를 찾아 주님께 드리세요. 간청하고 애원하며 '제발 이것만은…' 하고 숨겨놓았던 그것을 찾아 주님 앞에 드리세요. 그것이 바로 내 고집이요, 불신앙입니다. 숨겨놓았던 1퍼센트 때문에 주님을 향한 99퍼센트가 위험한 지경에 놓일 수 있습니다. 쥐도 새도 모르게 변질될 수 있기 때문입니다. 그것을 찾아 바로 십자가에 못 박으세요.

말씀 앞에 직면하려고 죽기 살기로 치열한 행동들을 하게 되면 처음과 달리 얼마 지나지 않아 갈등이 일어나기 시작합니다. '유별스럽다', '너 혼자 믿냐?', '믿으려면 피해주지 말고 조용히 믿어라!', '말씀은 말씀이고 삶은 삶이다', '내 믿음은 여기까지다. 그러니 강요하지 마라' 등 안팎에서 싸움을 걸어옵니다.

그때 물러서지 말고 더욱 주님 앞에 설 수 있도록 말씀을 읽으세요. 분명 세상은 말씀 읽을 틈을 허락하지 않을 것입니다. 분주한 일들이 더 생기고, 예상치 못했던 일들도 생길 것입니다. 하지만 두려워하지 마시고 주님께 간절히 나아가십시오.

말씀 읽는 것이 무의미해지고 아무런 은혜가 되지 않아 자신이 미련하게 보일 때도 있을 겁니다. 그러한 마음이 들면 들수록 더욱더 간절히 말씀을 읽으십시오. 그때 복음의 능력과 비밀이 드러나게 될 것입니다. 어느새 치유되어 있는 나, 변화되어 있는 나를 보게 될 것입니다. 내 안에 주님을 향한 멈출 수 없는 사랑, 그 불이 있음을 느끼게 될 것입니다. 더 이상 혼자가 아닌 성령님과 함께 살아가고 있음을 확신하게 될 것입니다.

그러니 결코 돌아서지 마세요. 말씀 읽는 것을 중단하지 마세요. 어설프게 주님을 따르지 마세요. 그러면 하나님의 사랑을 생생하게 전할 수 있는 이 시대의 사도 바울이 되어 있을 것입니다. 저는 40일 동안 죽기 살기로 말씀을 붙드실 여러분을 위해 중보기도하겠습니다."

그리고 로마서 8장 31절에서 39절 말씀을 읽어드렸다.

"그런즉 이 일에 대하여 우리가 무슨 말 하리요

만일 하나님이 우리를 위하시면 누가 우리를 대적하리요

자기 아들을 아끼지 아니하시고

우리 모든 사람을 위하여 내주신 이가

어찌 그 아들과 함께 모든 것을 우리에게 주시지 아니하겠느냐
누가 능히 하나님께서 택하신 자들을 고발하리요
의롭다 하신 이는 하나님이시니 누가 정죄하리요
죽으실 뿐 아니라 다시 살아나신 이는 그리스도 예수시니
그는 하나님 우편에 계신 자요
우리를 위하여 간구하시는 자시니라
누가 우리를 그리스도의 사랑에서 끊으리요
환난이나 곤고나 박해나 기근이나 적신이나 위험이나 칼이랴
기록된 바 우리가 종일 주를 위하여 죽임을 당하게 되며
도살당할 양 같이 여김을 받았나이다 함과 같으니라
그러나 이 모든 일에 우리를 사랑하시는 이로 말미암아
우리가 넉넉히 이기느니라
내가 확신하노니 사망이나 생명이나 천사들이나
권세자들이나 현재 일이나 장래 일이나 능력이나
높음이나 깊음이나 다른 어떤 피조물이라도
우리를 우리 주 그리스도 예수 안에 있는
하나님의 사랑에서 끊을 수 없으리라."

그 후 40일의 시간을 전심으로 맞이한 영혼들에게 실제적인 치유와 변화들이 일어나기 시작했다. 그리고 그 시간을 제대로 경험한 자들은 자연스럽게 '41일째의 시간'을 각자 알아서 맞이하게 되었다. 40일간

말씀을 너무 생생하게 맛보았기에 가능한 일이었고, 말씀 읽기가 누구의 책임이 아닌 각자의 몫이라는 것을 깨달았기에 가능한 일이었다.

목사님!
'40일간 죽기 살기로 성경 읽기' 어떻게 하면 될까요?

말씀을 읽다보면 성경 곳곳에서 하나님의 사람들이 주님과 연합하기 위해 시도했던 방법들을 발견할 수 있습니다.

어떤 이들에게는 숨은그림찾기처럼 잘 보이지 않을 수도 있겠지만 하나가 보이면 두 개가 보이고, 두 개가 보이면 세 개가 보여서 이내 성경 전체가 하나님과의 깊은 연합의 서사敍事임을 깨닫게 될 것입니다.

그러니 연합의 관계에 집중하면서 말씀이 결론이 되도록 읽으세요. 그러기 위해서는 간절한 마음으로 말씀 앞에 직면해야 합니다. 그러면 어느새 말씀이 실체가 되어 여러분 앞에 서 있을 것입니다.

1. 말씀에 직면하는 것을 최우선으로 삼으세요

40일 동안 '말씀 앞에 직면하는 것'을 가장 우선으로 삼으세요. 주님께 집중할 수 있는 방법은 다 써보세요. 선한 뜻을 품고 전심으로 주님 앞에 나아간다면 지혜와 계시의 성령님께서 분명히 함께하실 것입니다.

2. 작은 깨달음을 소중히 간직하세요

말씀 읽기, 대단한 것처럼 보이지 않습니다. 하지만 한번 해보십시오. 그러면 말씀 읽기가 하나님의 은혜가 아니고서는 행할 수 없는 일이라는 것을 분명히 알게 될 것입니다.

특별히 하나님께서는 작은 깨달음을 시작으로 당신의 삶을 변화시키실 것입니다. 그러한 것들을 그냥 지나치지 마세요. 마치 작은 자 하나에게도 진실한 사랑을 보여주셨던 주님처럼, 말씀을 통해 전해져오는 작은 깨달음을 감사함으로 받고 믿음으로 나아가세요. 그렇게 한 번, 두 번, 세 번… 계속 반복하세요.

3. 목자의 마음으로 나누세요

말씀을 읽고 느꼈던 깨달음들을 특정인 혹은 불특정 다수에게 기회가 있을 때마다 나누어보세요. 그러면 본인도 느끼지 못했던 하나님과의 연합을 시인하고 있는 자신의 모습을 보게 될 것입니다.

특별히 과장하거나 미화하려고 하지 말고 오직 전심으로 나누세요. 나를 위해 십자가에 아들을 내어주신 아버지의 마음으로 말입니다. 주님이 행하신 작은 것들을 세상의 눈과 세상의 손으로 보고 받는 것이 아니라 감사함으로 보고 받으세요. 그것이 참 목자의 마음이라고 생각합니다. 별것 아닌 것 같은 일도 한번 나누어보세요. 복음이 여러분의 입술을 통해 더욱 대범하게 흘러나올 것입니다.

4. 주변의 비난에 신경 쓰지 마세요

말씀을 읽으려고 하면 나를 둘러싼 모든 것들(좋은 일이든지 나쁜 일이든지)이 말씀 앞에 직면하려고 하는 나를 방해하기 시작할 것입니다. 성경을 읽으려고 하는데 아주 중요한 전화가 와서 한 시간 이상 통화를 하게 되거나, 때 아닌 일들이 터지는 등 마음이 산란해져서 말씀에 집중하지 못하게 될 것입니다.

말씀을 통해 은혜의 음성을 직접 들으세요. 어제 받은 은혜로 오늘을 살 수 없습니다. 오늘은 오늘의 은혜를 받아야 합니다. 그렇기 때문에 무의미하게 느껴져도, 누가 비난을 해도, 무식하다 할 정도로 말씀을 읽기 위해 나아가세요.

5. 말씀 일기를 써보세요

하루하루 말씀 앞에 직면하면서 일어난 일들과 변화들을 일기로 남겨 두시길 바랍니다. 특별히 주신 말씀, 받은 마음, 내 마음에 새기신 단어, 삶의 힘든 점, 간절한 기도제목 등을 적어보세요. 쓰면서 혹은 나중에 그 글을 읽으면서 주님께서 어떻게 내 삶을 바꾸어가셨는지 극명하게 볼 수 있을 것입니다.

6. 삶을 단순하게 만드세요

주님이 주신 마음이라면 말씀 앞에 집중하기 위해 금식이나 절식 같은 것을 해도 좋습니다. 인터넷과 텔레비전 같은 멀티미디어 끊기, 말하기보다는 듣기, 웃기기보다는 웃어주기도 좋은 방법입니다. 주님은 최대한 주님과 연합할 수 있도록 집중하는 여러분의 중심을 보십니다.

7. 기도 노트를 쓰고 확인해보세요

성경을 읽으면 분명 하나님으로부터 말씀을 받게 됩니다. 받은 말씀을 기도제목의 결론으로 삼고 기도하세요. 중요한 것은 나의 순종을 통해 말씀이 이루어진다는 것입니다. 바로 믿음을 통해 하나님의 하나님 되심이 드러나는 것이지요. 이 믿음은 죽음 직전까지의 믿음이 아니라 죽음 너머까지의 믿음을 뜻합니다.

기도 노트를 만들어서 거기에 여러 기도제목들과 함께 받은 말씀들을 메모해놓으면 좋겠습니다. 바로 그 말씀이 결론이기 때문입니다. 기도제목은 있지만 받은 말씀이 없다면 성경 66권을 다 찾아보세요. 몰라서 없는 것이지 분명 그 안에 주님께서 기도제목의 결론으로 주시는 말씀이 있습니다.

8. 40일간 신약성경 1독을 목표로 하세요

40일 정도면 신약성경을 다 읽을 수 있습니다. 6주 정도 시간을 잡고 꾸준히 읽어나가시면 좋습니다. 어디서부터 시작해야 할지 막막하시다면 아래의 표를 참고하세요.

1주 : 마태복음(총 28장), 마가복음(총 16장)

2주 : 누가복음(총 24장), 요한복음(총 21장)

3주 : 사도행전(총 28장), 로마서(총 16장)

4주 : 고린도전서(총 16장), 고린도후서(총 13장), 갈라디아서(총 6장), 에베소서(총 6장), 빌립보서(총 4장), 골로새서(총 4장)

5주 : 데살로니가전서(총 5장), 데살로니가후서(총 3장), 디모데전서(총 6장), 디모데후서(총 4장), 디도서(총 3장), 빌레몬서(총 1장), 히브리서(총 13장)

6주 : 야고보서(총 5장), 베드로전서(총 5장), 베드로후서(총 3장), 요한일서(총 5장), 요한이서(총 1장), 요한삼서(총 1장), 유다서(총 1장), 요한계시록(총 22장)

40일 동안 구약성경을 다 읽으면 좋겠지만 쉽지 않은 일입니다. 제가 임의로 나눈 부분들을 기도 가운데 정하셔서 40일 동안 읽으시면 좋을 것 같습니다.

(1) **모세오경** : 창세기, 출애굽기, 레위기, 민수기, 신명기

(2) **역사서** : 여호수아, 사사기, 룻기, 사무엘상, 사무엘하, 열왕기상, 열왕기하, 역대상, 역대하, 에스라, 느헤미야, 에스더

(3) **지혜서** : 욥기, 시편, 잠언, 전도서, 아가

(4) **선지서** : 이사야, 예레미야, 예레미야 애가, 에스겔, 다니엘, 호세아, 요엘, 아모스, 오바댜, 요나, 미가, 나훔, 하박국, 스바냐, 학개, 스가랴, 말라기

우리 주변에는 이미 성경 읽기표가 많이 있습니다. 대표적인 것으로 '맥체인 성경 읽기표'가 있지요. 하지만 지금 우리의 성경 읽기는 '무엇을 선택하느냐'보다 '읽느냐 안 읽느냐'가 더욱 중요하다고 생각합니다. 주님께서는 나의 방법보다는 나의 중심, 즉 말씀 앞에 서 있으려고 하는 마음을 더 원하시기 때문입니다.

나를 나 되게 하시는 아버지

이름에 담긴 의미

최근에 아들이 내게 이렇게 물었다.

"아빠! 아빠 이름은 무슨 뜻이에요?"

"아빠 이름?"

"네. 할아버지가 아빠 이름에 어떤 뜻을 넣어주셨어요? 아빠가 제 이름에 '착하고 빛나는 아이가 되라'는 뜻을 주신 것처럼 말이에요."

'내 이름에 담긴 뜻이라….'

아들의 말을 듣고보니 문득 내 이름에 대한 좋은 추억이 없다는 생각이 들었다. 축구 선수 중에 '이영표'란 사람이 유명해지면서 '영표'란 이름이 친숙해졌다. 하지만 이전까지만 해도 쉽게 알아들을 수 있는 이름은 아니었다.

은행이나 동사무소 같은 관공서에 가서 업무를 볼 때면 거의 대부분의 사람들이 내 이름을 한 번에 알아듣지 못했다. 대부분 '김영태', '김영포', '김형표'로 들었기에 나는 재차 "영표! 김영표라고요!"라고 말하기 일쑤였다.

학교에 다닐 때는 수학 시간만 되면 선생님들에 의해 내 이름이 가차없이 바뀌었다. 엑스표, 곱표, 세모표, 네모표, 동그라미표… 그것뿐이던가! 친구들은 장난 반 농담 반으로 '기차표, 말표, 닭표, 개표, 똥표' 등으로 불렀다. 그랬기에 나는 어린 시절부터 성인이 된 대학 시절까지 '아, 내 이름 참 좋다!' 라고 생각해본 적이 없었다. 그래서 아들의 이름을 '선빈'으로 지으면서 '혹시 친구들로부터 '선비'라고 놀림을 받지는 않을까?' 하는 걱정도 했다(역시 적중했다).

옛날이고 지금이고 사람들은 서로의 이름을 가지고 놀려댄다. 그런 놀림 때문에 자기 이름을 통해 확인해야 할 아름다운 의미를 잊고 산다. 해괴망측한 이름도 아닌데 많은 사람들이 자기 이름에 담겨 있는 깊은 뜻을 기억하지 못한 채 살아가고 있는 것이다.

정금을 담을 영화로운 자루

"글쎄? 그러고보니 아빠 이름에 대해 깊이 생각해본 적이 없네. '영'은 영화로울 영榮 자이고 '표'는 자루 표杓 자니까… 가만, 영화로울 영?"

영화로울 영 자를 이야기하는 순간 놀라지 않을 수 없었다. 시험 시간에 답안지를 본 듯한 느낌이랄까. 나는 바로 옥편을 찾아 내 이름의 한자들을 확인해보았다.

영화로움에 대한 비밀이 내 이름 안에 숨겨져 있음이 분명했다. 한문에 박학다식博學多識한 아내의 셋째 오빠에게 늦은 밤 전화를 걸었다.

"형님, 영화로울 영 자에 자루 표 자인 제 이름의 뜻이 무엇일까요? 제가 그동안 궁금해하며 기도해오던 것이 있었는데, 우연히 제 이름을 살펴보다가 그 비밀을 풀 수 있는 열쇠를 발견한 것 같은 느낌을 받았습니다. 지금까지 제 이름에 대한 정확한 뜻도 모른 채 살아왔는데 이제는 알고 싶습니다!"

"굳이 그 뜻을 풀이한다면 '영화로움을 담을 자루', '영화로움이 담긴 자루'로 풀이할 수 있겠지. 이름을 지을 때 자루 표 자는 보통 잘 쓰지 않는데, 자네와 통화하면서 그 뜻을 생각해보니 참 좋은 이름이라는 생각이 드네. 게다가 자네의 성씨는 김金 자가 아닌가? 그렇다면 영화로운 자루에 금을 담는다는 의미인데… '순금이 담긴 영화로운 자루', '정금을 담을 영화로운 자루'를 뜻하는 것이라 생각하네."

수화기를 내려놓으면서 '너를 영화롭게 하리라'라고 말씀하셨던 주님의 음성이 더 가까이 들리는 듯했다. 이름에 담긴 뜻을 알게 하사 그 뜻대로 살아가기를 원하시는 하나님의 마음이 느껴졌다.

원형의 회복

'하나님의 형상대로 지음 받은 원래의 모습 그대로, 맺었던 관계 그대로 나를 돌려놓으시겠다'는 아버지의 마음. 바로 '원형原形의 회복'을 말씀하시는 것이었다.

이것은 결단코 내 이름만의 문제가 아니다. 모든 이들에게도 마찬가지다. 저마다 이름 속에는 참으로 아름다운 본질이 담겨 있다. 하나님의 원형 말이다. 그러기에 하나님은 그 어떤 대가를 치르더라도 나를 나 되게 하시기 위해 십자가의 은혜를 베푸셨다.

어느새 낡아버린 성경책, 그러나 내게는 한없이 소중한 보물 같은 성경책을 펼친다.

이 아침에도 주님께서는 변함없이 나에게 속삭이신다.

'나의 사랑 나의 어여쁜 자여! 오늘도 순금을 담을 영화로운 자루가 되기 위해 나와 연합하자. 변함없이 나와 함께 그곳으로 가자. 십자가로!'

다시 복음 앞에

3년 전 여름, 교회 예배팀과 단기선교를 떠났다. 예배를 준비할 때와 달리 온 가족이 연합된 각 구성원들의 모습은 활기차고 새로웠다. 아빠들은 여름휴가를 반납했고, 젊은 자녀들은 크고 작은 짐들을 날랐다. 그리고 어린아이들은 태권도며 마술, 연극 등을 준비했다.

7박 8일이라는 짧은 시간이었지만 몽골이라는 땅끝에 설 수 있는 귀한 시간이었다. 사역을 다 마치고 떠나기 위해 짐을 싸고 있는 내게 당시 몽골 이레 교회를 맡고 있던 이용규 선교사님께서 물으셨다.

"선교사에게 가장 필요한 한 가지가 무엇이라 생각하십니까?"

2년이라는 짧은 시간이었지만 중앙아시아에서 단기선교사로 사역했던 경험이 있었기에 선교사에게 실질적으로 필요한 크고 작은 것들을 물론 알고 있었다. 한마음으로 연합된 가정, 파송 교회의 후원과 격려, 팀으로 함께 사역할 수 있는 헌신자들 등등… 나는 이런 생각을 하면서 한편으로는 이 교회에 혹시 각별히 필요한 것이 있나 싶은 생각에 두리번거리면서 다음 말을 기다렸다.

"선교사에게 가장 필요한 것은, 바로 복음입니다."

나는 환하게 웃으며 고개를 끄덕였다. 너무나도 당연한 말이기 때문이었다. 생각하고 자시고 할 것도 없이 "그렇지요"라고 대답했다.

그래, 바로 복음이다. 선교사에게 가장 필요한 것은 파송 교회의 후원도, 함께 사역할 동역자도, 선교지의 눈에 띄는 결실도 아닌 바로 복음이다. 자칫 이런저런 필요들에 가려서 희석될 수 있는 복음, 오랫동안 몸담고 있으면서 자신도 모르게 타협하거나 부분적으로만 취할 수 있는 복음인 것이다.

이것이 선교사에게만 해당되는 문제인가. 나는 어떠한가. 선교 단체와 교회, 집회 등에서 줄기차게 찬양사역을 하면서 혹시 복음을 망각한 것은 아닌가. 사역이라는 말에 가려 고스란히 그 모양새만 취하고 있지는 않은가 말이다.

어느새 가진 게 너무 많아졌다. 할 일도 너무 많아졌다. 신경 쓰고 처리해야 할 것들이 마치 테트리스 게임처럼 멈추지 않고 내려왔다. 그래서 정작 잊고 있었던 그 이름, 예수 그리스도.

소경을 향해 외치는 베드로의 단호한 음성이 들렸다.

> 은과 금은 내게 없거니와 내게 있는 이것을 네게 주노니 나사렛 예수 그리스도의 이름으로 일어나 걸으라 _행 3:6

죽기 살기로 말씀을 읽겠다는 각오는 복음에 내 전 존재를 투영시키겠다는 결단이었다. 나의 영과 혼과 육을 일치시켜 말씀의 힘과 영광을 깨달아 알고 싶다는 열망이었다. 그것은 곧 성경 전체의 말씀을 그대로 기도로 올려드리겠다는 기도의 시작이기도 했다. 내 안에서 말씀하시는 분이 주님이시고, 내가 소망하는 오직 한 가지도 바로 주님이시기에 가능한 일이었다.

복음이 내 안에 충만하지 않는 한, 첫사랑을 간직한 사역자 혹은 무릎 꿇고 살아가는 사역자가 될 수 없다. 교회는 다니지만 평화는 없을 것이고, 주님은 믿겠지만 진정한 행복을 누리지는 못할 것이다.

이른 아침 조용히 피아노 앞에 앉았다. 새 노래가 흘러나왔다. 가사와 멜로디가 함께 터진 노래, 〈다시 복음 앞에〉이다.

많은 이들 말하고
많은 이들 노래는 하지만
정작 가지 않는 길
두려운 생각보다 많이 힘들고
험한 길보단 그저 말로만 가려기에
점점 멀어져만 가네 내게 생명 주었던 그 길
점점 이용하려 하네 내게 사랑 주었던 그 길
다시 복음 앞에 내 영혼 서네
주님 만난 그때 나 다시 돌아가
주님께 예배 드리며 다시 십자가의 길 걸으리

성경을 읽으면서 주님께서 주신 마음들을 갓피플 뮤직 '김영표 목사의 나무 십자가WoodCross.Godpeople.com'라는 연재 다이어리에 두서없이 올렸었는데, 어느덧 한 권의 책이 되어 세상에 나왔습니다. 송구하고 심히 부끄럽습니다. 특히 이름도 없이 빛도 없이 부단히 말씀 앞에서 사셨던 신앙의 선배님들을 생각하면 더욱 민망해집니다. 하지만 이 부족한 글을 통해 단 한 사람이라도 다시 말씀 앞에 설 수 있다면 부끄러움은 넉넉히 감수하겠습니다.

죽기 살기로 치열하게 말씀 앞에 직면하고자 했던 저의 간절함은 곧 목마른 사슴이 시냇물을 찾기 위해 헤매던 갈급함과 같았습니다. 이제 감히 제가 전하는 것은 하나님께서는 그 간절함을 절대 외면하지 않으신다는 것입니다. 십자가에서 우리를 위해 스스로 목숨을 내어주신 아버지께서는 더욱더 간절하셨고 갈급하셨기 때문입니다.

나를 사랑하는 자들이 나의 사랑을 입으며 나를 간절히 찾는 자가 나를 만날 것이니라 _잠 8:17

따뜻한 격려를 보내주신 이동원 목사님, 고직한 선교사님, 김우현 감독님께 감사를 드립니다. 부족한 글이 한 권의 책이 될 수 있도록 섬겨주신 규장의 여진구 대표님과 편집실 식구들, 그리고 갓피플 식구들에게 감사를 드립니다. 성경 읽기의 좋은 벗이 되어주신 지구촌 교회 경배와 찬양팀 식구들에게도 감사드립니다. 끝으로 가족들에게 사랑을 전합니다.

부록_간증

죽기 살기로 성경을 읽은 후의 이야기

첫 번째 〈너. 영. 화.〉에 참여하여 말씀이신 하나님과 동행하는 기쁨을 맛본 사람들은 자연스럽게 '40일간 죽기 살기로 성경 읽기'를 시작했습니다. 두 달 동안 각자의 처소에서 치열하게 말씀 앞에 직면했던 이들이 겪은 삶의 변화들을 간증으로 엮었습니다.

진정한 애인이 생겼다!

_유태연 집사 (주부, 38세)

올 여름은 내 생애에 있어서 잊지 못할 시간이었다. 고등학교 3학년 때 주님을 영접하고 20년 동안 신앙생활을 했음에도 불구하고 나의 영적 상태는 그리 좋지 않았다. 무엇인가 중요한 문제가 있음을 뼈저리게 느꼈다. 알 수 없는 갈급함을 채우려고 나름대로 열심을 내보았지만, 성경공부도 기도생활도 신앙교제도 해결책이 되지 못했고 이내 나는 좌절감 가운데 빠져버렸다.

그러던 중 교회에서 열리는 여름 단기 성서 특강에 〈너를 영화롭게 하리라(너.영.화.)〉라는 강의가 생겼다는 것을 듣게 되었다. 바울서신을 통독한다는 내용 정도만 들었을 뿐, 어떤 성격의 모임인지 도통 알 수 없었다. 그런데 이상하게도 '나에게 주시는 기회가 아닐까?' 하는 강한 이끌림에 신청하게 되었다.

함께 모여 말씀을 읽고, 성령님께서 주신 말씀을 기도제목의 결론으로 삼으며 전심으로 주님 앞에 나아가는 시간이었다. 그리고 셋째 날, 갈라디아서 4장 6, 7절 말씀 앞에 직면하면서 주님과 나의 관계가 심히 어그러져 있음을 알게 되었다.

너희가 아들이므로 하나님이 그 아들의 영을 우리 마음 가운데 보내사 아빠 아버지라 부르게 하셨느니라 그러므로 네가 이후로는 종이 아니요 아들이니 아들이면 하나님으로 말미암아 유업을 받을 자니라

주님은 나의 생명이시고 너무나 좋으신 하나님이시지만 나는 주님을 '아빠'라고 부르며 나아갈 수 없었다. '주님과 친밀하지 못한 나', '일정한 거리를 두고 있는 나' 그것이 주님이 보시는 나의 진짜 모습이었다. 내 갈급함의 이유는 바로 하나님과의 관계에서 비롯된 것이었다.

일주일간 말씀을 읽으며 흘린 눈물이 한여름 내내 흘린 땀보다 많았다. 갈급해서 울었다. 한없이 죄송해서 울었다. 나중엔 아버지라 부를 수 있게 하시니 감사해서 울었다. 때로는 위로의 말씀으로 때로는 도전의 말씀으로 매 순간 살아 있는 말씀을 주심에 행복했다.

꿈만 같은 일주일이 지나고 〈너. 영. 화.〉를 마친 사람들은 앞으로도 매일 죽기 살기로 말씀을 읽을 것을 약속하고 두 달 후 어떠한 변화가 생겼는지 서로 나누기로 했다.

집에서 혼자 읽으니 다 같이 모여 읽을 때보다 집중이 안 됐다. 그래서 아이들과 함께 읽기로 했다. 처음엔 그런대로 읽어나갔지만 긴장감이 떨어지면서 말씀을 통한 은혜가 줄어드는 것 같았다. 어떤 날은 마음에 와 닿는 말씀이 한 구절도 없었다. 처음에는 흥미를 느끼던 아이들도 흐지부지 손을 놓고 말았다.

'다시 전처럼 돌아가는구나! 이것이 나의 한계구나!'

적잖은 실망감에 자포자기의 마음마저 들었다. 그때마다 김영표 목사님께서는 "그래도 죽기 살기로 읽어야 한다!"라고 말씀하시며 "10월 18일!(약속한 두 달이 되는 날)"을 외치셨다. 나는 마음을 다잡고 와 닿는 말씀이 없으면 없는 대로 있으면 있는 대로 감사함으로 계속 나아가기로 결심했다.

하지만 약속한 날이 코앞으로 다가왔는데도 뚜렷한 변화가 없는 것 같았다. 주님을 위해 무엇이라도 해야 할 것 같은데 아버지께서는 아무 요구도 지시도 하지 않으셨다.

드디어 10월 18일, 딱히 내놓을 만한 결과는 없었지만 마음에 알 수 없는 평안이 밀려오기 시작했다. 그리고 이 '알 수 없는 평안'이 지난 두 달의 시간이 맺은 열매라는 생각이 들었다.

며칠 후 나에게 진짜 큰일이 일어났다. 마음이 설레고 심장이 두근거리고 얼굴에는 마냥 미소가 가득했다. 진정한 애인이 생긴 것이다!

그렇게 나는 멀리서 짝사랑만 했던 주님과 사귀기 시작했다. 주님의 마음이 어떠한지, 주님의 관심이 무엇인지, 주님이 원하시는 것은 또 무엇인지, 내 마음은 온통 주님을 향한 생각으로 가득 찼다. 감사한 것은 나 혼자만의 짝사랑이 아니라 주님 또한 그러하시다는 사실이었다. 아니, 내가 주님을 사랑하는 것보다 주님이 나를 더욱더 사랑하고 계셨다.

그러기에 주님은 내게 무엇인가 하려고 애쓰지 말고 그냥 같이 있자고 하신다. 모든 염려는 내게 맡기고 함께 걷자고 하신다. 그동안 못 나눈 이야기 실컷 나누며 놀자 하신다. 참으로 좋고 자상하신 주님, 나의 진정한 아빠이시다. 이제 나는 아버지를 위해서라면 무엇이라도 할 수 있을 것 같다. 아직은 감당할 수 있는 것만 하고 있지만, 지속적으로 말씀 앞에 나아가 주님과의 사귐을 놓지 않는다면 감당할 수 있는 일의 크기 또한 늘어나리라.

지금도 내 삶엔 해결해야 할 어려움들이 있다. 내가 감당해야 할 사람들도 여전히 내 옆에 있다. 그러나 이제는 그런 것들이 예전처럼 힘겹지 않다. 주님은 내 안에 나는 주님 안에 있기 때문이다. 감사한 것은 나의 두 딸들이 엄마의 애인인 하나님에 대해 관심을 갖기 시작한 것이다. 전에는 그렇게 맺어주려고 해도 잘 되지 않았는데 말이다.

남편과 나 사이에는 즐거운 삼각관계가 시작되었다. 남편은 내가 새롭게 만난 하나님에 대해 질투가 났는지 경계 태세를 보이고 있다. 그러나 나는 안다. 그리고 기대한다. 머지않아 우리 가족들 안에 말씀이 풍성해져서 주님이 우리 모두의 연인이 되실 것을 말이다. 그때 우리 가족은 진정한 아빠이신 하나님 앞에 마음껏 사랑의 노래를 들려드리게 될 것이다!

그래, 읽자 읽어!

_정동준 안수집사 (대학교수, 49세)

'신약성경 27권을 28일 만에 아내와 함께 소리 내어 읽었으니, 구약성경도 게으름만 피우지 않으면 올해 마지막 한 달 동안 끝낼 수 있겠지.'

말씀 속에 숨어 있는 그 깊고도 오묘한 의미까지는 파악하지 못하더라도 끝까지 읽어보자는 무모한(?) 도전 의식이 나를 감쌌다.

'그래, 도전해보자고!'

며칠 후, 점심 식사를 마치고 지난번에 신청한 국가과제 심사 결과를 확인하기 위해 한국보건산업진흥원 사이트에 접속했다.

'후반기 보건복지부 연구지원사업 예비 선정 결과'라고 적힌 팝업창이 뜨자 마음이 두근거렸다.

'떨어지면 어쩌나!'

첨부 파일을 클릭했다. 애써 마음의 평화를 유지하려고 숨을 크게 들이쉬었다. 그런데 눈에 익은 과제 제목이 없었다. 신청자 이름으로 다시 살펴봐도 내 이름은 없었다.

'아! 또 떨어졌구나.'

지난여름 이후 이번이 네 번째 신청인데 또 떨어진 것이다. '삼세번의 징크스를 떨쳐버리자!' 며 나름대로 열심히 준비했고, 발표 때에도 분위기가 아주 좋아서 적잖이 기대하고 있었는데… 거기에다가 하나님의 인도하심까지 받았는데….

'하나님 어디서 뭘 하고 계세요? 무심하기도 하시지!'

짜증이 나기 시작했다. 바쁜 시간을 쪼개가며 말씀 앞에 나아갔으면 주님 또한 격려 차원에서라도 무엇인가 내게 주셔야 하지 않은가. 한두 번도 아니고 네 번이나 계속 삼진 아웃을 당하게 하시니 주님을 대하는 내 마음이 순간 어려워졌다. 남은 한 달 동안 구약성경을 다 읽겠다는 다짐도 무거운 짐처럼 느껴졌다.

'아니! 이 사람이!'

분명 나보다 실적도 좋지 않고, 지난번 발표 때에도 그저 그랬다는 소식을 들었는데 어떻게 이 사람이 예비 선정에 당첨된 것일까! 억울함과 섭섭함, 이내 알 수 없는 감정들이 왈칵 밀려오기 시작했다.

'발표하기 전에 관계자 분께 전화로 부탁할 걸 그랬나?'

한참 이런저런 생각을 하고 있는데 아내로부터 전화가 왔다.

"여보, 뭐하세요? 언제 집에 오세요?"

"바빠! 때가 되면 가겠지. 끊어!"

아무 잘못 없는 아내에게 괜한 화풀이를 했다. 미안한 마음이 들었다.

'그래 간다, 가! 오늘 남은 일정은 모두 취소다!'

가방을 챙겨 들고 사무실을 나섰다. 아내에게 미안한 마음에 조용히 집에 들어갔는데 오히려 아내가 내 눈치를 살피며 조심스럽게 물었다.

"오늘은 성경 안 읽어요?"

'아, 짜증 나. 이런 기분에 무슨 말씀이 읽히겠어!'

하지만 아내는 어느새 내 옆에 성경을 펼치고 다소곳하게 앉았다. 나는 내키진 않았지만 화풀이를 받아준 아내에게 미안해서 성경을 폈다.

신명기를 읽을 차례였다. 정말로 따분한 신명기. 반복되는 내용 때문에 여기가 거기 같고 저기가 여기 같다. 하지만 어쩌겠나.

'그래, 읽자 읽어! 죽기 살기로 치열하게 읽으라고 했으니 어디 한번 읽어보자!'

8장 11절부터 소리 내어 읽기 시작해서 13, 14절에 이르렀다.

또 네 소와 양이 번성하며 네 은금이 증식되며 네 소유가 다 풍부하게 될 때에 네 마음이 교만하여 네 하나님 여호와를 잊어버릴까 염려하노라

그리고 16절 말씀,

네 조상들도 알지 못하던 만나를 광야에서 네게 먹이셨나니 이는 다 너를 낮추시며 너를 시험하사 마침내 네게 복을 주려 하심이었느니라

'아니, 이게 대체 무슨 말씀이야?'

그날따라 왜 이런 오묘한 말씀이 눈에 띄었는지… 지금까지의 내용과는 전혀 다른 느낌으로 마음에 확 꽂혔다.

'어떤 경지에 이르면, 성경 말씀들이 벌떡 일어나서 눈으로 들어와 머릿속에 박힌다고들 하던데 이런 경우를 두고 하는 말인가?'

주님께 죄송했다.

'그렇군요. 저의 교만이었군요. 그래서 오늘 사건으로 저를 낮추셨군요. 더 큰 복을 채워주시려고요. 하나님 아버지 감사합니다. 그렇습니다. 저의 교만을 회개합니다. 저의 능력으로 될 줄 알고 온전히 하나님께 맡겨드리지 않았던 것을 용서해주세요.'

연이어 다가온 17, 18절 말씀,

그러나 네가 마음에 이르기를 내 능력과 내 손의 힘으로 내가 이 재물을 얻었다 말할 것이라 네 하나님 여호와를 기억하라 그가 네게 재물 얻을 능력을 주셨음이라 이같이 하심은 네 조상들에게 맹세하신 언약을 오늘과 같이 이루려 하심이니라

'뜨고도 보지 못하는 내 두 눈을 뜨게 하시려고 이 말씀을 주셨구나! 할렐루야! 주님은 살아 움직이는 말씀이심을 고백합니다. 아들이 되는 축복을 주셨음에도 불구하고 그 축복을 누리지 못하고 순간의 실망으로 인해 하나님과 멀어지려고 했던 저를 또 이렇게 붙들어주시니 감사합니다. 살아서 역사하시는 주님을 기억하겠습니다.'

감사한 마음에 절로 눈물이 차올랐다. 순간 창피한 마음이 들었다. 괜한 헛기침으로 위기를 면해보려 하는데 아내가 언제 눈치를 챘는지 위로의 말을 건넸다.

"고난은 예비하신 축복의 전주곡이라잖아요. 더 좋은 것으로 채워주실 거예요. 힘내세요!"

아내의 위로에 눈물이 주르륵 흘러내렸다.

'빈틈이 없으신 주님 감사합니다. 말씀으로 준비해주시고, 또 아내를 통해 위로해주시니 더더욱 감사합니다.'

말씀을 읽지 않았다면 이러한 감격과 위로를 어찌 맛볼 수 있었으랴!

'내일은 어떤 말씀을 준비해두셨을까?'

오후 내내 텅 비어 있었던 가슴 한구석이 주님이 주시는 사랑과 기대감으로 가득 찼다. 그리고 나는 잠시 동안이었지만 하나님을 원망했던 멍청한 짓을 다시는 반복하지 않으리라 다짐했다. 아내와 함께 말씀을 읽어나가는 행복한 시간들을 앞으로도 결코 놓치지 않을 것이다.

밥은 드시면서 왜 말씀은 안 드세요?

_고경희 집사 (체육교사, 39세)

나는 어린 시절부터 교회에 다녔지만 말씀이 늘 부족한 사람이었다. 찬송과 기도는 익숙하고 자연스러웠지만 말씀은 왠지 어렵게만 느껴졌다. 성경을 읽으면서도 무슨 뜻인지 이해가 되지 않아 답답할 때가 많았다.

담임 목사님께서 말씀을 해석해주시면 다 알 것 같은데, 혼자 성경을 보면 말씀이 들어오지 않아 자연스럽게 말씀 대신 찬양과 기도를 중심으로 신앙생활을 해왔다. 삶이 힘들어 40일 오전 금식도 해보고, 해마다 새벽기도도 드렸지만 늘 목마름이 있었다.

'왜 이럴까? 왜 하나님은 나에게 응답을 주시지 않는 걸까?'

마음이 답답했다. 4년 전부터 겪고 있는 남편의 직장 문제와 신앙 문제, 또 딸아이의 입학 문제 등 우리 가정의 문제들을 놓고 하나님 앞에 말씀 없는 기도를 계속 드렸다.

그러던 어느 날, 하나님께서는 말씀 없이 기도하는 나를 불쌍히 여기시고 김영표 목사님을 동역자로 보내주셨다.

"목사님, 왜 제 기도가 응답되지 않나요?"

"오늘 말씀 읽으셨어요?"

오히려 내게 질문을 하신다.

"아니요."

"식사는 하셨어요?"

"네."

"아니, 밥은 드시면서 왜 말씀은 보지 않으셨나요? 밥은 안 먹어도, 물은 안 마셔도 영의 양식인 말씀만은 드셔야죠. 죽으면 죽으리라는 마음으로 말씀을 읽어보세요."

목사님의 강력한 말에 나는 할 말을 잃었다.

'그래, 내가 언제 말씀을 제대로 읽었나?'

"목사님, 말씀을 읽으려면 어떻게 해야 하나요?"

목사님께서는 40일 동안 죽기 살기로 말씀을 읽고, 받은 말씀이 결론이 되도록 자기 자신을 쳐서 복종시키는 기도를 하라고 하셨다.

그날부터 나는 로마서를 시작으로 히브리서까지 40일간의 말씀의 여정을 시작했다. 목사님께서는 말씀을 함께 읽을 동역자를 찾으라고 하시며 가족들과 함께할 것을 권유하셨다. 딸은 흔쾌히 동의했지만 남편이 걱정이었다.

"아빠, 우리 엄마랑 함께 말씀 읽어요."

딸아이가 남편에게 갖은 애교를 떨며 말했다.

"그래, 알았다."

이게 웬일인가? 남편이 너무나 쉽게 허락을 한 것이다. 그렇게 말씀 읽으라고 해도 싫다고만 했던 남편이었는데… 하나님께서 딸아이를 통해 남편을 말씀 앞으로 인도하신 것이다.

우리 가족은 말씀을 읽고 묵상기도를 하면서 하루가 다르게 말씀의 힘을 체험했다. 골로새서 3장 16절의 말씀처럼 우리 가정에 그리스도의 말씀이 풍성히 거하자 성경에 약속된 말씀들이 계속적으로 이루어지기 시작한 것이다.

딸아이의 대안학교 입학은 우리 부부에게 있어서 커다란 문제였다. 내 생각이 아닌 아버지의 생각으로, 아버지의 길로 인도해달라고 간절히 기도드렸다. 기도 중에 주님은 이렇게 말씀하셨다.

'믿음으로 가라! 믿음으로 가라! 믿음으로 그 땅을 너의 자녀와 남편과 함께 밟고 가라!'

말씀을 읽고 믿음으로 기도하며 나아갔기에 딸아이는 장학금까지 받고 그 학교에 입학할 수 있었다. 믿음으로 가라 하신 주님의 말씀에 순종한 우리 가족은 주님이 인도하시는 길은 안전한 길이요, 확실한 길이요, 풍성한 길임을 깨달았다.

그렇다. 믿음은 보물이다. 믿기만 하면 주님이 함께하신다. 믿기만 하면 주님이 가장 좋은 것을 우리에게 주신다. 믿기만 하면 주님이 모든 일을 하신다.

'그리스도의 말씀이 너희 속에 풍성히 거하면 기업의 상을 주께 받을 줄 아나니 너희는 주 그리스도를 섬기느니라. 아멘.'

우리 가정은 이 말씀을 붙잡고 앞으로 계속 나아갈 것이다.

주님을 깊이 만나게 된 고3 딸

_김미정 권사 (주부, 46세)

"주님이면 충분합니다. 이를 위해 우리는 날마다 말씀 앞에 서야 합니다. 그래서 올 한 해 신구약성경을 다 읽습니다. 읽지 않으실 거면 사역을 내려놓고 떠나십시오!"

농담 반 진담 반 같으면서도 단오하고 분명한 목소리였다. 예사롭지 않다는 느낌에 긴장감마저 들었다. 신뢰하는 목사님을 통해 주님이 말씀하셨으니 순종해야 했다. 그때부터 나는 '말씀 앞에 직면하기'를 최우선순위로 삼고 마태복음부터 읽기 시작했다.

내 신앙을 따라 자연스럽게 어릴 적부터 교회에 다니던 막내딸은 그저 교회만 왔다 갔다 할 뿐, 친구들이나 컴퓨터 게임, 휴대폰과 같은 유혹에서 잘 벗어나질 못했다. 내가 이렇게 저렇게 이끌어주고도 싶었지만 그럴수록 아이의 반항만 심해져, 눈물로 기도하는 것 외에 내가 할 수 있는 일은 없었다.

그렇게 딸은 올해 고등학교 3학년이 되었다. 뒤늦게 마음을 잡고 준비하려니 어려움이 꽤 있었던 것 같다. 친구들을 보면 부모들이 비싼 돈을 들여 과외나 학원에 보내주는데 자신은 인터넷 강의를 들으며 공부하는 것이 싫었던 모양이다. 딸은 점점 예민해지기 시작했고 이런저런 이유로 반항을 하며 신경질을 부렸다. 나 역시 점점 지쳐갔고 세상의 방법을 동원해서라도 상황과 타협하고 싶은 마음마저 들었다.

바로 그때 시편 20편 7절 말씀이 내게 임했다.

어떤 사람은 병거, 어떤 사람은 말을 의지하나 우리는 여호와 우리 하나님의 이름을 자랑하리로다

부모의 마음을 내세워 다른 사람들을 따라하려고 했던 내 마음을 감찰하신 주님은 곧 물질의 통로를 닫으셨다. 나는 주님께 기도할 수밖에 없었다. 그리고 돈을 들여 과외를 시키는 대신 내 안에 있는 말씀의 힘으로 사랑의 헌신을 딸에게 쏟아부었다.

점점 아이가 변하기 시작했다. 자원함으로 예배 자리로 나아갔고, 두렵고 지치고 힘들 때면 자진해서 기도제목을 말했다. 다른 고등학교 3학년 아이들은 수능을 준비하느라 주일에 교회에 나오지도 않고 말씀을 읽지도 않는데 딸아이는 오히려 매일같이 말씀을 묵상했다. 늦은 시간까지 공부하느라 피곤할 텐데도 정한 시간이 되면 스스로 일어나 말씀을 붙잡고 기도했다. 내가 깨우지 않으면 잘 일어나지 못했던 아이였는데 하나님의 말씀이 들어가니 스스로 일어나 말씀 앞에 서기 시작한 것이다.

이제 딸아이는 이전보다 힘든 상황들도 밝은 모습으로 이겨낼 뿐만 아니

라, 하나님의 말씀을 사모하는 아이가 되었다. 무엇보다 자신의 삶에 말씀을 적용하기 시작했다. 딸의 책상을 정리하다가 우연히 보게 된 큐티 책에는 이런 내용이 적혀 있었다.

난 많은 실패와 좌절을 맛보았다. 고3인 지금, 모의고사 점수의 하락과 나의 목표와는 점점 멀어져만 가는 현실을 보면서 정말 자괴감도 들고 때려 치우고 싶다는 생각이 들었다. 하지만 오늘 말씀 속에서 하나님은 내게 위로와 용기를 주셨다. 그렇다! 수십 번을 넘어져도 의로운 사람은 그 실패를 성공으로 돌리는 용기가 필요하다는 것을! 정말 중요한 것은 실패가 아니라 실패를 한 후의 나의 모습이다. 비록 시험 점수가 자꾸 떨어져도 부족한 나의 부분을 알게 해 주시는 하나님께 감사를 드린다. 그리고 반드시 이겨내겠다. 하나님께서 주시는 말씀을 가지고!

나는 말씀 속에서 주님을 깊이 만나게 된 딸을 보며 주님께 기쁨과 감사의 기도를 드렸다. 주님이 하셨다!

남편의 마음밭에 생명의 단비가 내리다

_이경순 집사 (주부, 40세)

가족들이 함께 꾸준히 성경을 읽어나가는 일은 결코 쉬운 일이 아니다. 그리스도인이라면 말씀을 가까이 하는 삶, 말씀이 중심이 되는 삶, 말씀에 순종하는 삶을 살아야 하는 것이 당연한데도 현실은 그렇지 못한 경우가 많다.

목자로서, 자녀를 키우는 엄마로서 말씀에 대한 갈급함으로 성경 읽기에 도움이 될 만한 서적이나 자료들을 찾아보던 중에 경배와 찬양팀을 인도하시는 김영표 목사님과 함께 성경통독을 하게 되었다. 처음에는 숙제가 주는 부담감과 팀 리더라는 책임감으로 임했지만 6개월의 시간이 지나자 이렇게 좋은 것을 가족들도 함께하면 좋겠다는 생각이 들었다.

한참 사춘기에 접어든 고등학교 1학년, 초등학교 6학년 아이를 설득한 후 가정 안에서 말씀 읽기를 시작했다. 성령의 인도하심으로 말씀을 깨닫게 해달라고 기도한 다음 마태복음부터 5절씩 돌아가며 큰 소리로 읽다가 30분이 지나 알람이 울리면 감사기도로 마무리했다.

이 시간이 매번 평화롭지는 못했다. 가족들은 피곤하다며 화를 내거나, 공부해야 된다며 짜증 내는 등 갖가지 이유와 불만으로 말씀 읽기를 하지 않으려고 안간힘을 썼다. 하지만 어떻게든 일주일만 버티기, 한달 버티기를 반복하면서 두 달여 만에 사복음서를 마치게 되었다.

물론, 두 달간의 말씀 읽기가 우리 가족 모두에게 엄청난 변화를 가져다 주지는 않았다. 그런데 가장인 남편의 마음밭에 아주 잠잠히 생명의 단비가 내렸다. 말씀을 가까이 하면서 복음에 대해 정확히 알게 되자, 주변 사람들에게 복음을 전하기 시작한 것이다. 가족간의 대화 단절과 부족으로 마음의 상처가 많아 힘들어하던 아이들도 아빠가 말씀과 성령 안에서 노력하는 모습을 보이자 조금씩 마음의 경계를 해제하기 시작했다.

나도 시간이 좀 더 필요하긴 하지만 아이들과 대화의 문을 조금씩 열고 솔직하게 마음을 표현하기 시작했고, 남편과도 부드럽게 대화하기 시작했다. 특히 말씀 속에서 위로와 격려, 도전과 용기, 감사와 축복을 누리며 행복해했다. 하지만 무엇보다도 내가 주님 안에 주님이 내 안에 거하시는 연합의 기쁨을 맛보고, 말씀에 순종하기 위해 나를 버리는 훈련을 하면서 믿음의 성숙을 느낄 수 있었다. 성령님이 우리 안에서 일하실 수 있도록 비워드리는 것, 이것이 말씀이 가지고 있는 능력이 아닐는지.

여름방학엔 목장원들과 사복음서와 요한계시록을 제외한 신약을 통독하기도 했다. 겨울방학엔 복음서와 잠언을 읽을 계획이다. 나와 우리 가족뿐만 아니라 내 주변에 있는 모든 이들이 말씀을 통해 주님과 더 깊은 교제를 하는 기쁨을 누리길 소망한다.

말씀은 우리의 삶이다. 매일 살기 위해 음식을 먹듯이 우리 영혼이 살기 위해서는 매일 말씀이 공급되어야 한다. 말씀 속에 거할 때 우린 참 자유와 참 행복을 누리며 건강한 삶을 살 수 있다. 천국을 이 땅에서 누릴 수 있는 비결은 바로 말씀을 붙잡고 주님과 함께하는 삶이 아닐까?

죽기 살기로 성경 읽기

초판 1쇄 발행 2009년 1월 20일
초판 8쇄 발행 2015년 5월 18일

지은이 김영표

펴낸이 여진구
편집국장 김응국
기획·홍보 이한민
책임편집 김아진, 최지설, 이수연
편집 안수경, 이소현, 손유진, 강민정, 이영주
책임디자인 이혜영, 서은진 | 전보영, 황은경
해외저작권 최영오
마케팅 김상순, 강성민, 허병용, 이기쁨
마케팅지원 손동성, 최태형, 한기룡
제작 조영석, 정도봉
경영지원 김혜경, 김경희
이슬비전도학교 엄취선, 전우순, 최경식
303비전성경암송학교 박정숙, 최영배, 이지혜
303비전 장학회 &
303비전 꿈나무장학회 여운학

펴낸곳 규장

주소 137-893 서울시 서초구 양재2동 205 규장선교센터
전화 578-0003 팩스 578-7332
홈페이지 www.kyujang.com 이메일 kyujang@kyujang.com
트위터 twtkr.com/_kyujang 등록일 1978.8.14. 제1-22

책값 뒤표지에 있습니다.
ISBN 978-89-6097-092-2 03230

규 | 장 | 수 | 칙

1. 기도로 기획하고 기도로 제작한다.
2. 오직 그리스도의 성품을 사모하는 독자가 원하고 필요로 하는 책만을 출판한다.
3. 한 활자 한 문장에 온 정성을 쏟는다.
4. 성실과 정확을 생명으로 삼고 일한다.
5. 긍정적이며 적극적인 신앙과 신행일치에의 안내자의 사명을 다한다.
6. 충고와 조언을 항상 감사로 경청한다.
7. 지상목표는 문서선교에 있다.

하나님을 사랑하는 자 곧 그 뜻대로 부르심을 입은 자들에게는 모든 것이 合力하여 善을 이루느니라(롬 8:28)

규장은 문서를 통해 복음전파와 신앙교육에 주력하는 국제적 출판사들의 협의체인 복음주의출판협회(E.C.P.A:Evangelical Christian Publishers Association)의 출판정신에 동참하는 회원(Associate Member)입니다.